本書の特長と使い方

本書は，各単元の最重要ポイントを確認し，其〔…〕解くことを通して，中1・中2社会の基礎を徹底的に固〔…〕題集です。1単元4ページの構成です。

〔…〕の一言ポイントにも注目だよ！

数犬チャ太郎

1 ✓ **チェックしよう！**

その単元で覚えておくべきポイントを CHECK① CHECK② CHECK③ でまとめています。

2 ✒ **確認問題**

✓ **チェックしよう！** を覚えられたか，確認する問題です。CHECK① などでまとめているポイントごとに確認することができます。

3 ✒ **練習問題**

いろいろなパターンで練習する問題です。つまずいたら，

✓ **チェックしよう！** や

✒ **確認問題** に戻ろう！

ヒントを出したり，解説したりするよ！

かっぱ

4 💡 つまずいたらヒントを参考にしよう！

5 STEP UP↗ 少し発展的な問題です。

ここから重要知識を一問一答形式で確認できます。くわしくは2ページへ。

1

使い方はカンタン！ ICT コンテンツを活用しよう！

本書には，QRコードを読み取るだけで利用できる一問一答クイズがついています 。

スマホでサクッとチェック **一問一答で知識の整理**

右のQRコードから，
重要知識をクイズ形式で確認できます。

1回10問だから，
スキマ時間に
サクッと取り組める！

PCから
https://cds.chart.co.jp/books/rsbjmvz9mr

中1・2の重要な
ポイントを
すばやく復習！

便利な使い方

ICTコンテンツが利用できるページをスマホなどのホーム画面に追加することで，毎回
QR コードを読みこまなくても起動できるようになります。くわしくは QR コードを読み
取り，左上のメニューバー「≡」▶「ヘルプ」▶「便利な使い方」をご覧ください。

QR コードは株式会社デンソーウェーブの登録商標です。 内容は予告なしに変更する場合があります。
通信料はお客様のご負担となります。Wi-Fi 環境での利用をおすすめします。また，初回使用時は利用規約を必ずお読みいただき，同意いただい
た上でご使用ください。
ICT とは，Information and Communication Technology（情報通信技術）の略です。

目　次

1 第1章 世界のさまざまな地域
世界の姿と人々の生活

✔ チェックしよう！

CHECK 1 陸地と海洋

陸地はユーラシア大陸，アフリカ大陸，北アメリカ大陸，南アメリカ大陸，オーストラリア大陸，南極大陸の六大陸と島に分けられ，ユーラシア大陸が最大面積の陸地である。

海洋は太平洋，大西洋，インド洋の三大洋とその他に分けられ，太平洋が最大面積の海洋である。

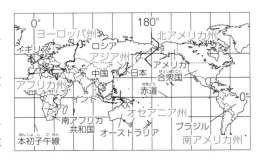

CHECK 2 日本の位置

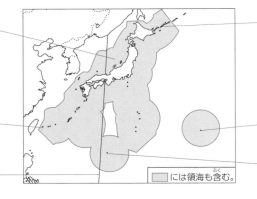

排他的経済水域…沿岸から200海里までの領海をのぞく水域。水産資源や鉱産資源は沿岸国のものになる。

与那国島…西の端。

東経135度線…日本の標準時子午線。

択捉島…北の端。色丹島，国後島，歯舞群島とともにロシア連邦に占拠されている北方領土。

南鳥島…東の端。

沖ノ鳥島…南の端。護岸工事をして保護。

■には領海も含む。

CHECK 3 世界の気候帯

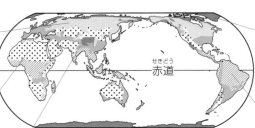

冷帯（亜寒帯）…冬の気温は低いが，森林が育つ。

乾燥帯…一年を通じ雨が少なく，森林が育たない。

温帯…はっきりとした季節（四季）がある。

赤道

寒帯…一年中寒く，樹木がほとんど育たない。

熱帯…一年中気温が高い。降水量も多い。

北半球と南半球では季節が逆になるよ。

CHECK 1

1 次の文の ☐☐ にあてはまることばを書きましょう。

地球を大きく区分すると，① ☐☐☐☐☐☐ つの大陸と ② ☐☐☐☐☐☐ つの大洋に分けられる。

CHECK 1

2 次の問いに答えましょう。

右の地図中の①〜⑥にあてはまる州の名前を，次の**ア〜カ**からそれぞれ選び，記号で答えましょう。

ア アジア州 　　　イ オセアニア州
ウ アフリカ州 　　エ ヨーロッパ州
オ 南アメリカ州 　カ 北アメリカ州

① ☐☐☐☐　② ☐☐☐☐　③ ☐☐☐☐　④ ☐☐☐☐　⑤ ☐☐☐☐

⑥ ☐☐☐☐

CHECK 2

3 次の文中の①〜⑧にあてはまる語句を，あとのア〜クからそれぞれ選び，記号で答えましょう。

> 日本の北端の ① は北方領土の最大の島で，② に占拠されている。南端は ③ で，領海を除く沿岸から200海里までの ④ を守るため護岸工事が行われた。西端の島は ⑤ ，東端の島は ⑥ である。日本の時刻の基準となる ⑦ は東経 ⑧ 度線であり，外国との時差は東経⑧度線との経度差が15度につき1時間生じる。

ア ロシア連邦 　　イ 135 　　　ウ 与那国島 　　エ 択捉島
オ 南鳥島 　　　　カ 沖ノ鳥島 　キ 標準時子午線 　ク 排他的経済水域

① ☐☐☐☐　② ☐☐☐☐　③ ☐☐☐☐　④ ☐☐☐☐

⑤ ☐☐☐☐　⑥ ☐☐☐☐　⑦ ☐☐☐☐　⑧ ☐☐☐☐

日本の東西南北の端をおさえよう。

CHECK 3

4 右の地図中の①〜⑤にあてはまる気候帯を，次のア〜オからそれぞれ選び，記号で答えましょう。

ア 乾燥帯 　イ 熱帯 　ウ 冷帯（亜寒帯）
エ 寒帯 　オ 温帯

① ☐☐☐☐　② ☐☐☐☐　③ ☐☐☐☐　④ ☐☐☐☐　⑤ ☐☐☐☐

1 次の問いに答えましょう。

(1) 地球の0度の緯線を何といいますか。

[   ]

(2) 地球の0度の経線を何といいますか。

[   ]

(3) 三大洋の1つで，面積が世界最大の海洋を何といいますか。

[   ]

(4) 日本は何という州に属していますか。

[   ]

(5) オーストラリアは何という州に属していますか。

[   ]

2 次の問いに答えましょう。

(1) 日本の標準時子午線は何度ですか。西経・東経を明らかにして答えましょう。

[   ]

(2) 排他的経済水域は，領海を除く沿岸から何海里までの範囲ですか。

[   ]

(3) 右の地図中に **X** で示した択捉島，国後島，色丹島，歯舞群島をまとめて何といいますか。

[   ]

(4) (3)の島々を不法に占拠している国を，地図中の**ア〜エ**から1つ選び，記号で答えましょう。

[   ]

💡(5) 島の消失を防ぐために護岸工事を行った島を，地図中の **A〜D** から1つ選び，記号で答えましょう。

[   ]

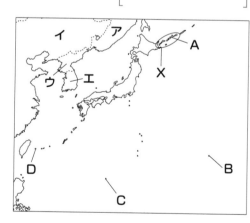

3 次の問いに答えましょう。

(1) 日本が属している，季節(四季)がある気候帯を何といいますか。

[   ]

(2) 一年を通じて気温が高く，降水量も多い気候帯を何といいますか。

[   ]

💡 **2** (5)日本の最南端の島で，排他的経済水域を守るために護岸工事をして保護されているよ。

4 **STEP UP** 次の文を読んで，あとの問いに答えましょう。

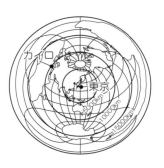

　右の地図は，東京からの距離と方位が正しく表された地図である。東京から見て，カイロは約 **A** km 離れていて，**B** の方位にある。

(1) **A** にあてはまる数字を，次の**ア**～**エ**から１つ選び，記号で答えましょう。

　　ア　1000　　イ　5000　　ウ　10000

　　エ　15000　　　　　　　　　　　　　　[　　　　　　]

(2) **B** にあてはまる方位を，八方位で答えましょう。

　　　　　　　　　　　　　　　　　　　　[　　　　　　]

5 **STEP UP** 次の文中の①～③にあてはまる語句や数字をそれぞれ答えましょう。

　日本の ① は東経 135 度である。 ① は国（地域）によって異なり，イギリスの場合は経度 0 度の経線である。時差を求める場合，東京とイギリスの首都ロンドンの経度の差は ② 度であるから，時差は ③ 時間となる。経度 180 度の経線にほぼ沿う日付変更線の西側に近いほど，時刻は進んでいるので，東京とロンドンの時刻を比べると東京の方が進んでいる。

①[　　　　　　]　②[　　　　　　]　③[　　　　　　]

6 **STEP UP** 地図中のア～エの雨温図を示した a～d のグラフを見て，あとの問いに答えましょう。

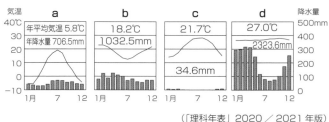

（「理科年表」2020／2021 年版）

(1) a の気温と降水量があてはまる都市は，地図中の**ア・イ**のどちらですか。記号で答えましょう。　　　　　　　　　　　　　　　　[　　　　　　]

(2) b の気温と降水量があてはまる都市は，地図中の**ウ・エ**のどちらですか。記号で答えましょう。　　　　　　　　　　　　　　　　[　　　　　　]

(3) a～d のうち，南半球の都市の気温と降水量を示しているものをすべて選び，記号で答えましょう。　　　　　　　　　[　　　　　　]

2 アジア州，ヨーロッパ州

✔ チェックしよう！

CHECK 1 アジア州の地形・気候・農業

凡例：
▲ 経済特区
ASEAN

黄河（ホワンホー）

長江

メコン川

インダス川
ガンジス川

中央・西アジア
…小麦などの畑作。乾燥帯で羊やヤギの遊牧。

チベット高原…世界最大級の高原。

ヒマラヤ山脈…世界最高峰のエベレストがある。

東南アジア諸国連合（ASEAN）…経済などの分野で協力。

中国東北部…こうりゃん・大豆・小麦などの畑作。

長江…中国で一番長い川。

東・東南アジア…季節風（モンスーン）の影響を受けて降水量が多い。稲作中心。タイなど熱帯で二期作。

CHECK 2 ヨーロッパ州の自然と産業

凡例：
■ 混合農業
□ 酪農・放牧
▨ 地中海式農業

イギリス

ドイツ

フランス

大　西　洋

アルプス山脈

イタリア　地中海

偏西風…一年中西から吹く風。暖流によって暖められた空気を運ぶ。

ライン川…国際河川。水運でドイツの工業が発達。

酪農…乳牛を飼育し，乳製品を出荷。

混合農業…家畜の飼育と穀物などの畑作を組みあわせた農業。

地中海式農業…乾燥する夏にオリーブやオレンジ，雨の多い冬に小麦を栽培。

CHECK 3 EU（ヨーロッパ連合）の成立と発展

EU…1993年に発足した，政治や経済などで共通の政策を実施する地域統合組織。加盟国間では，人やものの移動が自由で，貿易品には関税がかからない。多くの国で共通通貨のユーロを使用する。西ヨーロッパの加盟国と東ヨーロッパの加盟国間での経済格差が課題。2020年にはイギリスがEUから離脱。

確認問題

CHECK 1

1 次の文の □ にあてはまることばを書きましょう。

東アジア・東南アジアの沿岸部では，夏と冬で吹く向きのかわる ① □ の影響で降水量が多く，② □ がさかん。

タイなどでは ③ □ も行われる。

CHECK 1

2 次の文中の①～④にあてはまる語句を，あとのア～エからそれぞれ選び，記号で答えましょう。

> 中国では外国の企業に対し，土地の価格を安くしたり税を減らしたりする ① □ を設け，誘致を進めている。
>
> ② □ アジアでは経済などの分野で協力するため，1967年に ③ □ が結成された。現加盟国は ④ □ やインドネシアなどの 10 か国。

ア　タイ　　イ　経済特区　　ウ　東南　　エ　ASEAN

① □　② □　③ □　④ □

CHECK 2

3 右の地図中の①～④にあてはまる語句を，次のア～エからそれぞれ選び，記号で答えましょう。

ア　地中海式農業　　イ　偏西風
ウ　酪農・放牧　　　エ　混合農業

① □　② □　③ □

④ □

CHECK 3

4 次の文中の①～④にあてはまる語句を，あとのア～エからそれぞれ選び，記号で答えましょう。

> ＥＵの課題として，経済発展が進んでいる ① □ ヨーロッパの加盟国と，経済発展が遅れがちな ② □ ヨーロッパの加盟国との間で，③ □ が広がっていることが挙げられる。2020 年には ④ □ が，ＥＵから離脱した。

ア　経済格差　　イ　西　　ウ　東　　エ　イギリス

① □　② □　③ □　④ □

1 ▶ 次の問いに答えましょう。

(1) 中国やインド，ネパールの国境となっている山脈を何とい
いますか。 [   ]

(2) 中国の内陸部に広がる，世界最大級の高原を何といいます
か。 [   ]

(3) １年に２回，同じ作物を栽培することを何といいますか。 [   ]

2 ▶ 次の問いに答えましょう。

(1) 東南アジアの１０か国が加盟する，経済などの分野で協
力することを目的とした地域統合組織を何といいますか。 [   ]

💡ヒント (2) インドで近年さかんになった産業を，次の**ア～エ**から１つ選び，記号で答えましょう。

　　ア　電子部品産業　　　　　　　　イ　ICT（情報通信技術）産業
　　ウ　ハイテク（先端技術）産業　　エ　鉄鋼業 [   ]

3 ▶ 次の問いに答えましょう。

(1) ドイツとフランスの国境を流れる国際河川を何といいます
か。 [   ]

(2) (1)の河川によって工業が発達し，ヨーロッパ最大の工業国
となった国はどこですか。 [   ]

(3) 乳牛を飼育し，チーズやバターなどの乳製品を出荷する農
業を何といいますか。 [   ]

4 ▶ 右の地図を見て，次の問いに答えましょう。

(1) 地図中に▨で示した国々が加盟している地
域統合組織を何といい
ますか。 [   ]

(2) (1)の組織に加盟していない国を，次の**ア～エ**
から１つ選び，記号で答えましょう。
　　ア　スイス　　　　イ　イタリア
　　ウ　ギリシャ　　　エ　フランス [   ]

(3) (1)の多くの国で使用されている共通通貨を
何といいますか。 [   ]

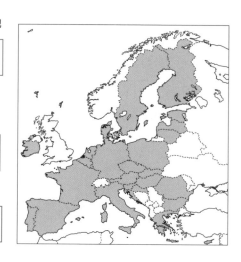

💡ヒント **2** ▶ (2)「ＩＣＴ産業」ともいうよ。

5 ▶ 右の地図中の A ～ C の地域でさかんな農業を，次の**ア～ウ**からそれぞれ選び，記号で答えましょう。

ア 稲作　　イ 畑作　　ウ 遊牧

A [　　　]　　B [　　　]　　C [　　　]

稲作には多くの水を
必要とするよ。

6 ▶ 右の地図を見て，次の問いに答えましょう。

(1) 地図中に▲で示した，外国企業の誘致を進めている地域を何といいますか。

[　　　　　　　　　]

(2) 地図中の**ア～エ**の都市のうち，一人あたりの国内総生産額が最も高い都市を選び，記号で答えましょう。

[　　　　　　　　　]

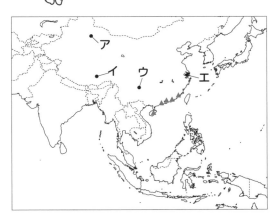

7 ▶ STEP UP ▶ 右の地図中に A ～ C で示した地域の農業の特色を次の**ア～ウ**からそれぞれ選び，記号で答えましょう。

ア 乾燥する夏にオリーブやオレンジ，雨の多い冬に小麦などを栽培する。

イ 乳牛を飼育し，チーズやバターなどの乳製品を出荷する。

ウ 家畜の飼育と，小麦などの畑作を組みあわせている。

A [　　　]　　B [　　　]　　C [　　　]

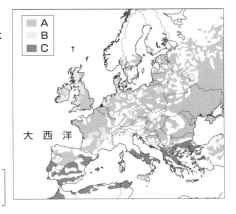

大　西　洋

加盟国の一人あたりの国民総所得

8 ▶ STEP UP ▶ 右の地図から読み取れることを，次の**ア～ウ**から1つ選び，記号で答えましょう。

ア 西ヨーロッパの国々に比べ，東ヨーロッパの国々の一人あたりの国民総所得が低い。

イ 東ヨーロッパの国々に比べ，西ヨーロッパの国々の一人あたりの国民総所得が低い。

ウ この組織の加盟国では，一人あたりの国民総所得が1万ドル未満の国はない。

EU の姿と課題を
整理しよう。

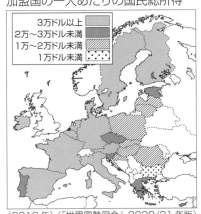

3万ドル以上
2万～3万ドル未満
1万～2万ドル未満
1万ドル未満

[　　　　　　　]

(2018 年) (「世界国勢図会」2020/21 年版)

第1章 世界のさまざまな地域

③ アフリカ州, 北アメリカ州

✔ チェックしよう！

 アフリカ州の自然・産業・人々

赤道付近から南北それぞれに熱帯→乾燥帯→温帯と分布。サハラ砂漠南部は，砂漠化が進むサヘルが広がる。

サハラ砂漠…世界最大の砂漠。

ナイル川…世界最長の川。かつてエジプト文明が栄えた。

農業…伝統的な焼畑農業。カカオ豆や茶をプランテーションで栽培。

鉱業…金やダイヤモンドのほか，レアメタル（希少金属）を多く産出。

経済…多くの国が，モノカルチャー経済で，収入が不安定になりやすい。

多くの人々が奴隷として南北アメリカに連行された。国境線は植民地時代に支配国が経線・緯線を用いて引いたため，直線のところが多く，民族や宗教の分布を無視して引かれたことで，独立後も紛争の原因となっている。南アフリカ共和国ではアパルトヘイト（人種隔離政策）が行われていた。

 北アメリカ州の自然・都市・工業

シリコンバレー…ICT（情報通信技術）産業がさかん。

北部…冷涼な気候。カナダ北部には先住民族のイヌイット。
西部…乾燥。
南部…温暖・湿潤。ハリケーンが発生。

五大湖周辺…水運を利用し，鉄鋼業や自動車工業がさかん。近年は生産額が低下。

サンベルト…北緯37度以南に広がる温暖な帯状の地域。ICT産業，ハイテク（先端技術）産業がさかん。

 アメリカ合衆国の農業

広い土地を大型機械で耕作する企業的な農業。地域の気候や土壌にあわせた適地適作。西経100°以西で放牧，中央平原でとうもろこし・綿花の栽培がさかん。

CHECK 1

1 次の文中の①〜⑥にあてはまる語句を，あとのア〜カからそれぞれ選び，記号で答えましょう。

> アフリカ州には，世界最大の ① 砂漠と，世界最長の ② 川がある。気候は赤道付近に森林がしげる ③ が広がり，その南北には乾いた ④ が広がっている。 ① 砂漠の南側は ⑤ とよばれる砂漠化が進む地帯となっている。また，南アフリカ共和国ではかつて， ⑥ が行われていた。

ア 乾燥帯　イ サハラ　ウ アパルトヘイト　エ 熱帯
オ サヘル　カ ナイル

①	②	③	④

> アフリカ州の地形を整理しよう。

⑤	⑥

CHECK 1

2 次の文の 　　　 にあてはまることばを書きましょう。

・森や草原を焼いて畑にして，灰を肥料とする ① 　　　　 が行われている。

・クロムやマンガンのように，地球上にある量が少なかったり，取り出しにくかったりする金属を ② 　　　　 という。

CHECK 2

3 次の文中の①〜④にあてはまる語句を，あとのア〜エからそれぞれ選び，記号で答えましょう。

> 北アメリカ州には，東に ① 山脈，西に ② 山脈が連なる。アメリカ合衆国とカナダにまたがる ③ の周辺では，水運を利用して工業が発展した。③周辺のピッツバーグやデトロイトで鉄鋼業や ④ が発達し，アメリカの工業を発展させた。

ア 五大湖　イ 自動車工業　ウ アパラチア　エ ロッキー

①	②	③	④

CHECK 3

4 次の文の 　　　 にあてはまることばを書きましょう。

・アメリカ合衆国の農業は，広い農地を大型機械で耕作する ① 　　　　 な農業が特色である。

・作物は地域の環境にあわせて ② 　　　　 で栽培されている。

✎ 練習問題

1 ▶ 次の問いに答えましょう。

(1) アフリカ州の北部に広がる，世界最大の砂漠を何といいますか。 [ ]

(2) エジプトから地中海へ注ぐ，世界最長の河川を何といいますか。 [ ]

(3) かつて南アフリカ共和国で行われていた，白人以外を差別する政策を何といいますか。 [ ]

💡ヒント (4) (1)の南側で進んでいる，伐採（ばっさい）や過放牧（かほうぼく）が原因となっている環境（かんきょう）問題を何といいますか。 [ ]

2 ▶ 次の問いに答えましょう。

(1) 植民地時代に支配国の資本で開かれ，現地の人々が単一の農作物を大規模に栽培している農園を何といいますか。 [ ]

(2) 特定の農作物や鉱産資源の輸出にたよる経済を何といいますか。 [ ]

3 ▶ 次の問いに答えましょう。

(1) 北アメリカ州西部に連なり，環太平洋造山帯（かんたいへいようぞうざんたい）に含（ふく）まれる山脈を何といいますか。 [ ]

(2) 北アメリカ州東部に連なる，なだらかな山脈を何といいますか。 [ ]

4 ▶ 右の地図を見て，次の問いに答えましょう。

(1) アメリカ合衆国で，地域の気候や土壌にあわせて行われる農業を何といいますか。

[ ]

(2) 次の文にあてはまる地域を，地図中の **a〜c** からそれぞれ選び，記号で答えましょう。

① サンベルトに含まれる地域で，航空宇宙産業がさかんである。

② 古くからの工業都市があり，鉄鋼業や自動車工業がさかんである。

③ ICT産業がさかんで，シリコンバレーとよばれる地域である。

① [ ] ② [ ] ③ [ ]

💡ヒント **1** (4)「サヘル」とよばれる地域だよ。

5 アフリカ州の国々の国境線が，直線のところが多い理由を，次のア〜エから1つ選び，記号で答えましょう。

ア　地域の人々が話しあい，宗教の分布にあわせて国境線を引いたから。

イ　地域の人々が話しあい，民族の分布にあわせて国境線を引いたから。

ウ　植民地時代に，支配国が山や川を利用して国境線を引いたから。

エ　植民地時代に，支配国が緯線と経線を利用して国境線を引いたから。

[　　　]

6 STEP UP 次のグラフ1・2を見て，あとの問いに答えましょう。

グラフ1　コートジボワールの輸出額割合

グラフ2　タンザニアの輸出額割合

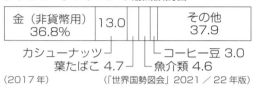

(1) グラフ1中の**X**にあてはまる農作物を，次の**ア〜エ**から1つ選び，記号で答えましょう。

ア　カカオ豆　　イ　綿花　　ウ　バナナ　　エ　茶

[　　　]

(2) グラフ1・グラフ2から考えられる，コートジボワールとタンザニアの経済のようすを，次の**ア〜エ**から1つ選び，記号で答えましょう。

ア　中心となる輸出品がないため，多くの利益を生み出すことができない。

イ　天候や市場の影響を受けない輸出品が多いため，経済が安定している。

ウ　さまざまな種類の輸出品があるため，安定した経済成長が見込める。

エ　一部の農作物や鉱産資源にたよっているため，経済が不安定になりやすい。

[　　　]

7 STEP UP 右の地図中の**X・Y**の山脈と，**Z**の河川を何といいますか。

X [　　　　　　　]

Y [　　　　　　　]

Z [　　　　　　　]

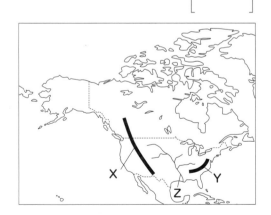

8 STEP UP アメリカ合衆国の農業の特色を，次の**ア〜エ**から1つ選び，記号で答えましょう。

ア　広い耕地に多くの人手を投入し，手間をかけて農業を行っている。

イ　広い耕地を大型機械で耕作する，大規模な農業を行っている。

ウ　狭い耕地を有効に利用するため，多様な作物を少量ずつ栽培している。

エ　狭い耕地の生産性を上げるため，人手や肥料を大量に投入している。

[　　　]

南アメリカ州，オセアニア州

 チェックしよう！

南アメリカ州の自然・鉱工業・農業

| セルバ…アマゾン川流域の熱帯雨林地域。 |
| アマゾン川…流域面積世界一。 |
| アンデス山脈…西部を南北に走る。標高の高いところは高山気候。 |
| ブラジル…世界有数の鉄鉱石産出国。日本の鉄鉱石輸入先第2位。自動車や航空機などで工業化が進む。 |
| パンパ…アルゼンチンの中央部に広がる広大な草地。 |

ブラジル高原

北部の森林地帯で伝統的な焼畑（やきはた）農業。パンパで牧畜（ぼくちく）。二酸化炭素の排出量が少ないバイオエタノール（バイオ燃料）の生産のため，畑が拡大されている。ブラジル高原を中心に，プランテーションでのコーヒー豆の栽培（さいばい）がさかん。

オセアニア州の自然と産業

| 西部…北部より南部のほうの降水量が多い。牧羊がさかん。 |
| 北東部…比較的（ひかくてき）降水量が多い。牧牛がさかん。 |
| 中央部…乾燥（かんそう）し非農業地帯。大鑽井（だいさんせい）（グレートアーテジアン）盆地（ぼんち）では掘り抜き井戸（ほりぬきいど）で水を確保して羊を飼育。 |
| 南東部…比較的降水量が多い。人口が集中。小麦栽培，酪農（らくのう），牧羊がさかん。 |

おもな産出地
●鉄鉱石
▲石炭

オセアニアの島々は，火山島とさんご礁（しょう）の島が多い。

オーストラリアのつながり

オーストラリアの先住民族アボリジニは迫害（はくがい）を受け、人口が激減した。かつては白豪主義（はくごうしゅぎ）でヨーロッパ以外の移民を制限し，イギリスを中心としたヨーロッパとの結びつきが強かったが，近年はアジアとの結びつきが強まっている。

CHECK 1

1 次の文中の①〜⑤にあてはまる語句を，あとのア〜オからそれぞれ選び，記号で答えましょう。

> 南アメリカ大陸の西岸を南北に走る ① 山脈は，標高の高い地域で ② 気候が見られる。北部には河口付近に赤道が通る ③ 川が流れ，流域に ④ が広がる。いっぽう，南部には ⑤ とよばれる草原が広がる。

ア 高山　イ パンパ　ウ アンデス
エ アマゾン　オ セルバ

南アメリカ州の自然を整理しよう。

①	②	③	④	⑤

CHECK 1

2 次の文の □ にあてはまることばを書きましょう。

・ブラジルでは，大規模な農園である ① で ② の栽培がさかんである。

・二酸化炭素の排出量が少ない燃料として，植物を原料とする ③ が注目されている。

・南アメリカ州の北部の森林地帯では，森林を焼いて畑をつくり，灰を肥料とする ④ が行われている。

CHECK 3

3 次の文中の①〜⑦にあてはまる語句を，あとのア〜キからそれぞれ選び，記号で答えましょう。

> オーストラリアの北西部は ① の産出が多く，東部では ② が多い。農業では北東部で ③ ，その他の地域で ④ の牧畜を行っている。中央部から西部には砂漠が広がり， ⑤ では掘り抜き井戸をつくって水を確保した。人口は降水量の多い南東・南西部に集中している。先住民族の ⑥ は迫害を受け，人口が激減している。かつて ⑦ により移民を制限していた。

ア 牛　イ 大鑽井盆地　ウ 羊　エ アボリジニ
オ 鉄鉱石　カ 石炭　キ 白豪主義

オーストラリアの地域ごとの特色を整理しよう。

①	②	③	④

⑤	⑥	⑦

✏ 練習問題

1 ▶ 次の問いに答えましょう。

(1) 南アメリカ大陸の西部を南北に走る山脈を何といいますか。 [ ]

(2) 世界一の流域面積をもち，流域には熱帯雨林が広がる河川を何といいますか。 [ ]

(3) (2)の流域に広がる，熱帯雨林を何といいますか。 [ ]

(4) アルゼンチンの中央部に広がる草原を何といいますか。 [ ]

2 ▶ 次の問いに答えましょう。

(1) 南アメリカ州では，さとうきびやコーヒー豆は，植民地時代につくられた何という農園で栽培されていますか。 [ ]

(2) 右の地図を見て，次の問いに答えましょう。

① 牧畜のさかんな地域は，**A・B**のどちらですか。 [ ]

② 焼畑農業が行われているのは，**A・B**のどちらですか。 [ ]

3 ▶ 次の問いに答えましょう。

(1) オセアニア州の島々は，火山島以外に，何でできた島が多く見られますか。 [ ]

(2) オーストラリア中部にある，掘り抜き井戸の見られる盆地を何といいますか。 [ ]

💡ヒント (3) 右の地図中の●・▲は何の分布を示していますか。次の**ア〜エ**からそれぞれ選び，記号で答えましょう。

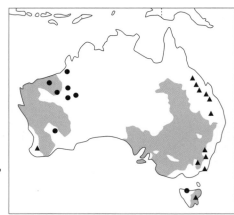

ア 石油 　　　イ 石炭
ウ ボーキサイト　エ 鉄鉱石

● [ ]　▲ [ ]

(4) 右の地図中の  での牧畜がさかんな家畜(かちく)を次の**ア〜エ**から１つ選び，記号で答えましょう。

ア やぎ　イ 牛
ウ 羊　　エ アルパカ
[ ]

💡ヒント **3** (3)オーストラリアでは，おもに石炭と鉄鉱石を産出しているよ。

4 右の地図を見て，次の問いに答えましょう。

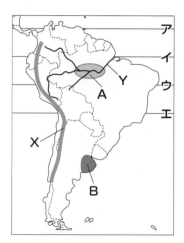

(1) 赤道を示す緯線を，地図中の**ア～エ**から１つ選び，記号で答えましょう。

[　　　　　]

(2) 地図中の**X**の山脈と，**Y**の河川を何といいますか。

X [　　　　　]　　　Y [　　　　　]

(3) パンパとよばれる草原の広がる地域は，地図中の**A**と**B**のどちらですか。

[　　　　　]

5 〉STEP UP〉 次の問いに答えましょう。

(1) 右のグラフは，プランテーション栽培でさかんな，ある農産物生産量の国別割合を示しています。あてはまる農産物を次の**ア～エ**から１つ選び，記号で答えましょう。

ア　天然ゴム　　イ　コーヒー豆　　ウ　綿花　　エ　バナナ

[　　　　　]

	インドネシア		コロンビア	
ブラジル 34.5%	ベトナム 15.7	7.0	7.0	その他 31.1

ホンジュラス 4.7

(2018 年)　　　（「世界国勢図会」2020/21 年版）

(2) さとうきびやとうもろこしなどの植物を原料とするバイオエタノール（バイオ燃料）について，次の[　　]に共通してあてはまる語句を答えましょう。

> バイオエタノールは，燃やすと[　　]が発生しますが，原料の植物が生長するときの過程で[　　]を吸収しているため，地球全体として[　　]が増加していないと考えられています。

バイオエタノールの使用で，地球温暖化対策になると考えられているよ。

[　　　　　]

6 〉STEP UP〉 右のグラフはオーストラリアの輸出に対する貿易相手国の変化を示しています。これを見て，次の問いに答えましょう。

(1) イギリスとの結びつきが強かった1960 年ごろに，オーストラリアが行っていた移民を制限する政策を何といいますか。

[　　　　　]

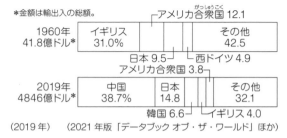

*金額は輸出入の総額。

		アメリカ合衆国 12.1		
1960年 41.8億ドル*	イギリス 31.0%			その他 42.5

日本 9.5┘　　└西ドイツ 4.9

アメリカ合衆国 3.8┐

2019年 4846億ドル*	中国 38.7%	日本 14.8		その他 32.1

韓国 6.6┘　　└イギリス 4.0

(2019 年)　（2021 年版「データブック オブ・ザ・ワールド」ほか）

(2) 2019 年のオーストラリアの貿易相手先は，どの地域の国の割合が多いですか。次の**ア～エ**から１つ選び，記号で答えましょう。

ア　ヨーロッパ　　イ　北アメリカ
ウ　アジア　　　　エ　オセアニア

[　　　　　]

スマホでサクッとチェック：P2

1 地域調査，日本の地形・気候・災害

✔ チェックしよう！

 CHECK 1　地図記号

◎	市役所 東京都の区役所	文	小・中学校	⊕	病院
〒	郵便局	X	交番	☼	工場
⌂	発電所・変電所	∨	畑	♂	果樹園

CHECK 2　世界の地形

火山活動が活発な地域を造山帯という。火山活動がほぼない地域では，大河や氷河，風によって，広大な平野がつくられる。

CHECK 3　日本の地形

国土の約4分の3が山地のため，川は世界の川に比べて短く流れが急。川が山から平地に出たところに扇状地が，河口付近に三角州が形成される。火山が多く，火山活動が活発。太平洋側の北から親潮（千島海流）が，南から黒潮（日本海流）が流れ，潮目（潮境）は好漁場となる。

CHECK 4　日本の気候区分・自然災害

日本海側の気候…冬の降水量が多い。

瀬戸内の気候…年降水量が少ない。

太平洋側の気候…夏の降水量が多い。

冬の季節風（モンスーン）

夏の季節風

北海道の気候…夏涼しく，冬の寒さが厳しい。

中央高地（内陸）の気候…年降水量が少なく，冬が寒い。

南西諸島の気候…年降水量が多く，冬も温暖。

日本は，火山の噴火や地震，津波のほか，台風や梅雨による洪水や土砂崩れ，干ばつ，冷害などにみまわれることがある。

CHECK 1

1 次の①〜⑤が示す地図記号を，あとのア〜オからそれぞれ選び，記号で答えましょう。

① 市役所 　② 果樹園 　③ 工場 　④ 郵便局 　⑤ 発電所

ア 〇 　イ ⊖ 　ウ 〇 　エ ⚙ 　オ ☼

①	②	③	④	⑤

CHECK 2-3

2 次の文の □ にあてはまることばを書きましょう。

・日本の国土は約 ① [　　　] が山地で，川は世界の川に比べて流れが

② [　　　] で長さが ③ [　　　] 。

・日本の太平洋側には北から ④ [　　　] ，南から ⑤ [　　　] と
よばれる海流が流れ，ぶつかるところに潮目ができる。

世界と日本の地形を
おさえよう。

・川が山地から平地に流れ出るところに ⑥ [　　　] が，

海に流れ出すところに ⑦ [　　　] が形成される。

CHECK 4

3 右の地図中の①〜⑥にあてはまる語句を，次のア〜カ
からそれぞれ選び，記号で答えましょう。

ア 日本海側 　イ 北海道 　ウ 太平洋側
エ 中央高地 　オ 瀬戸内 　カ 南西諸島

①	②	③

④	⑤	⑥

① の気候
② の気候
③ の気候
④ の気候
⑤ の気候
⑥ の気候

CHECK 4

4 次の文の □ にあてはまることばを書きましょう。

・日本列島は，環太平洋造山帯に属していることから，火山の噴火や

① [　　　] が多い。

・北海道をのぞいた地域には，6〜7月に，雨が続く ② [　　　] の時期が

ある。

また，夏から秋にかけては，③ [　　　] が発生・接近する。

1 次の問いに答えましょう。

(1) 文 の地図記号が示すものは何ですか。 [   ]

(2) ∨ の地図記号が示すものは何ですか。 [   ]

(3) ⊞ の地図記号が示すものは何ですか。 [   ]

(4) ✕ の地図記号が示すものは何ですか。 [   ]

(5) 2万5千分の1地形図で3cmは，実際の距離にすると，
何mになりますか。

[m]

2 次の問いに答えましょう。

(1) 日本の太平洋側を南下してくる海流を何といいますか。 [   ]

(2) 日本の太平洋側を北上してくる海流を何といいますか。 [   ]

(3) 右の地図中の **X** の造山帯に属する山脈を，次
の**ア〜エ**から1つ選び，記号で答えましょう。
ア　アルプス山脈　　イ　アンデス山脈
ウ　ヒマラヤ山脈　　エ　アパラチア山脈

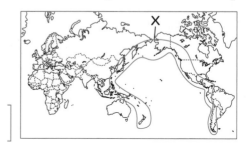

Xは環太平洋
造山帯だよ。

[   ]

3 次の問いに答えましょう。

(1) 本州と四国にはさまれた海の沿岸部に広がっている，一年
を通して降水量が少ない日本の気候区分を何といいますか。 [   ]

(2) 本州の日本海側を中心に広がっている，冬の降水量が多い
日本の気候区分を何といいますか。 [   ]

(3) 夏から秋にかけて発生し，接近する熱帯低気圧を何とい
いますか。 [   ]

(4) 北海道以外の地域でおこる，6〜7月ごろに雨が降り続く
時期を何といいますか。 [   ]

4 STEP UP 次の地形図を見て，正しく読み取った文を，あとのア〜エから1つ選びましょう。

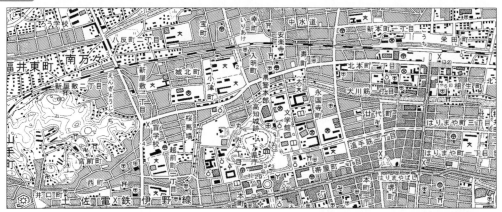

（国土地理院発行2万5千分の1地形図 「高知」）

ア　いりあけ駅の北には病院がある。
イ　高知城跡(こうちじょう)のある丘には，果樹園がある。
ウ　土佐電鉄(とさ)伊野線(いの)の線路は南北にのびている。
エ　市役所の北東にこうち駅がある。

[　　　]

5 STEP UP 世界と比べた日本の河川の特徴を，次のア〜エから1つ選び，記号で答えましょう。

ア　長く，流れがおだやかである。　　イ　長く，流れが急である。
ウ　短く，流れがおだやかである。　　エ　短く，流れが急である。

[　　　]

6 STEP UP 次の雨温図と地図を見て，あとの問いに答えましょう。

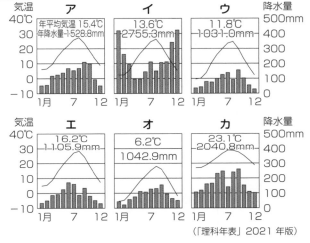

（「理科年表」2021年版）

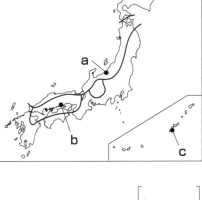

(1)　aの都市の雨温図は**ア・イ**のどちらですか。

[　　　]

(2)　bの都市の雨温図は**ウ・エ**のどちらですか。

[　　　]

(3)　cの都市の雨温図は**オ・カ**のどちらですか。

[　　　]

スマホでサクッとチェック：P2

第2章 日本のさまざまな地域

2 世界と日本の人口・資源・農林水産業

✔ チェックしよう！

CHECK 1 世界の人口

世界人口は約78億人（2020年）で，6割がアジア州に集中する。発展途上国では人口爆発で生活環境が悪化している地域がある。ヨーロッパや日本などの先進国では少子高齢化が進む。

CHECK 2 日本の人口

東京・大阪・名古屋を中心とする三大都市圏に人口が集中している。都市では過密による問題，離島や山間部では過疎による問題がおこる。

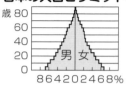

日本の人口ピラミッドの移り変わり

歳 80 60 40 20 0
8 6 4 2 0 2 4 6 8 %
1935年 富士山型

8 6 4 2 0 2 4 6 8 %
1960年 つりがね型

8 6 4 2 0 2 4 6 8 %
2013年 つぼ型

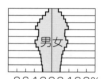

（「日本国勢図会」2014/15年版ほか）

CHECK 3 エネルギーの生産と消費

石油はペルシャ（ペルシア）湾沿岸で，石炭は中国やインド，鉄鉱石はオーストラリアやブラジルの産出量が多い。発電には，火力発電・水力発電・原子力発電のほか，再生可能エネルギーを使用するものがある。

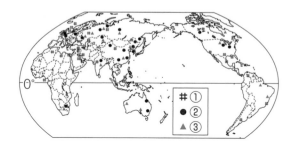

① ● ② ▲ ③

CHECK 4 農業・林業・漁業

- **米**…北海道・東北地方・新潟県の生産量が多い。
- **野菜**…千葉県や茨城県など大都市周辺では，新鮮なまま収穫・出荷ができる近郊農業。宮崎平野や高知平野では，温暖な気候を生かして行う促成栽培がさかん。
- **果物**…りんごは東日本，みかんは西日本中心に栽培がさかん。長野県や山梨県の扇状地では，ぶどうやももの果樹栽培。
- **畜産**…北海道で酪農や肉牛の飼育。鹿児島県や宮崎県で肉牛や豚の飼育がさかん。
- **木材や魚介類**…輸入が増加。漁業は，排他的経済水域の設定や水産資源の減少により，「とる漁業」から，養殖漁業や栽培漁業の「育てる漁業」が注目されている。

CHECK
1-2

1 次の文中の①～⑥にあてはまる語句を，あとの**ア～カ**からそれぞれ選び，記号で答えましょう。

> 世界の人口は約 78 億人（2020 年）で，地域別に見ると ① 州の割合が最も高い。①州やアフリカ州の発展途上国では ② による食料不足などが深刻である。日本は ③ の数が減り ④ の割合が高くなる少子高齢化が進む。人口が集中する三大都市圏などの都市部では ⑤ が進むいっぽう，離島や山間部では人口減少により ⑥ が進む。

ア 子ども　　イ アジア　　ウ 過密　　エ 高齢者
オ 人口爆発　カ 過疎

①	②	③	④	⑤	⑥

CHECK
3

2 右の地図中の①～③にあてはまる語句を，次の**ア～ウ**からそれぞれ選び，記号で答えましょう。

ア 鉄鉱石　イ 石炭　ウ 石油

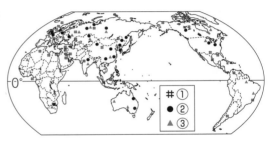

#① 　● ② 　▲ ③

①	②

③

CHECK
4

3 次の文中の①～⑥にあてはまる語句を，あとの**ア～カ**からそれぞれ選び，記号で答えましょう。

> 大都市周辺の千葉県や ① などでさかんな ② は，野菜が新鮮な状態で出荷でき，輸送費が安くすむ。また温暖な気候の高知平野や ③ などでさかんな ④ は，ほかの地域と出荷時期をずらすことで野菜を高値で売ることができる。水産業はこれまでの「 ⑤ 」から，魚を育てて出荷する養殖漁業や，稚魚（ちぎょ）などを放流し，大きくなってからとる栽培漁業という「 ⑥ 」が注目されている。

ア 育てる漁業　　イ とる漁業　　ウ 茨城県　　エ 宮崎平野
オ 促成栽培　　　カ 近郊農業

①	②	③	④	⑤	⑥

練習問題

1 ▷ 次の問いに答えましょう。

(1) 世界の6つの州のうち，最も人口が多いのは何州ですか。

[　　　　　]

(2) 人口が急激に増える現象を何といいますか。

[　　　　　]

(3) 子どもの割合が減り，65歳以上の高齢者の割合が増えることを何といいますか。

[　　　　　]

(4) 富士山型やつぼ型などの形がある，男女別に年齢ごとの人口の割合をグラフに表したものを何といいますか。

[　　　　　]

(5) 東京・大阪・名古屋を中心とする都市圏をまとめて何といいますか。

[　　　　　]

2 ▷ 次の問いに答えましょう。

(1) 油田が多く見られる，西アジアにある湾を何といいますか。

[　　　　　]

(2) 火力発電で排出が問題となっている温室効果ガスを何といいますか。

[　　　　　]

(3) 放射性廃棄物などの問題がある発電を何発電といいますか。

[　　　　　]

(4) 風力や太陽光，地熱などのように，資源としてなくならないエネルギーを何といいますか。

[　　　　　]

3 ▷ 次の問いに答えましょう。

(1) 大都市近郊で都市向けに野菜などを出荷する農業を何といいますか。

[　　　　　]

(2) 温暖な気候を利用し，ビニールハウスなどの施設を使って野菜の早作りをする農業を何といいますか。

[　　　　　]

(3) 魚や貝を大きくなるまで育てて，出荷する漁業を何といいますか。

[　　　　　]

(4) 卵をふ化させ，稚魚などを海や川に放流して大きくなってからとる漁業を何といいますか。

[　　　　　]

(5) 米の都道府県別生産量を示した右のグラフ中のXにあてはまる都道府県名を答えましょう。

[　　　　　]

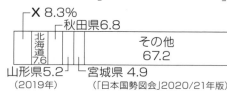

X 8.3%
秋田県6.8
北海道 7.6
その他 67.2
山形県5.2
宮城県 4.9
（2019年）
（「日本国勢図会」2020/21年版）

3 ▷ (5) 「コシヒカリ」という銘柄米が有名な県だよ。

4 右のア～ウの人口ピラミッドのうち，少子高齢化が最も進んでいるものを1つ選び，記号で答えましょう。　[　　]

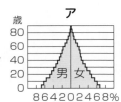

（「日本国勢図会」2014/15年版ほか）

5 STEP UP 次の問いに答えましょう。

(1) 鉱産資源の産出割合を示した右のグラフ中のA～Cにあてはまる鉱産資源を，次のア～ウからそれぞれ選び，記号で答えましょう。

ア　鉄鉱石　　イ　石炭　　ウ　石油

A[　　]　B[　　]　C[　　]

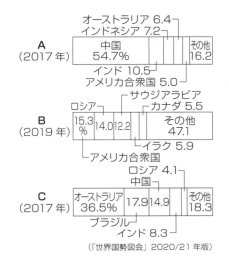

（「世界国勢図会」2020/21年版）

(2) 火力発電で使用するエネルギーを，(1)のア～ウからすべて選び，記号で答えましょう。

[　　　　]

6 STEP UP 次の問いに答えましょう。

(1) 右の地図中のX～Zの地域でさかんな農業を，次のア～ウからそれぞれ選び，記号で答えましょう。

ア　近郊農業　　イ　促成栽培　　ウ　酪農

X[　　]　Y[　　]　Z[　　]

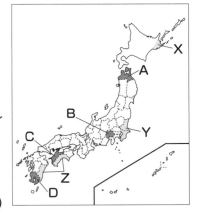

(2) 次の農産物の生産がさかんな県を，右の地図中のA～Dからそれぞれ選び，記号で答えましょう。

① 肉　牛[　　]

② りんご[　　]

りんごは，雨が少なくてすずしい気候の地域で栽培されているよ。

(3) 日本の林業の説明として正しいものを，次のア～エから1つ選び，記号で答えましょう。

ア　木材の輸入が増え，林業従事者が減り衰退した。
イ　木材の輸出が増え，国産木材の需要が増えた。
ウ　木材の輸入が増え，国産木材の需要ものびた。
エ　木材の輸出が増え，林業従事者が減り衰退した。

[　　]

(4) 次のア～オを，「とる漁業」と「育てる漁業」にすべて分けましょう。

ア　沿岸漁業　　イ　養殖漁業　　ウ　遠洋漁業　　エ　沖合漁業　　オ　栽培漁業

とる漁業[　　　　]　　育てる漁業[　　　　]

スマホでサクッとチェック：P2

3 第2章 日本のさまざまな地域
日本の工業・交通・貿易

✔ チェックしよう!

CHECK 1 工業地帯と工業地域

工業がさかんで，人口が集中している帯状の地域を太平洋ベルトという。中京工業地帯は，日本で最も製造品出荷額の多い工業地帯。日本は，かつて原料を輸入し製品を輸出する加工貿易で栄えた。現在は海外に工場を移転し，現地生産がさかん。産業の空洞化が問題になっている。

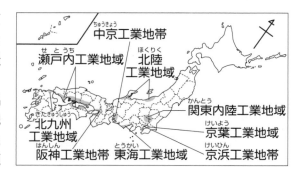

中京工業地帯
瀬戸内工業地域
北陸工業地域
関東内陸工業地域
京葉工業地帯
京浜工業地帯
北九州工業地域
阪神工業地帯　東海工業地域

CHECK 2 商業・サービス業

商業の中心がコンビニエンスストアやスーパーマーケットなどになり，郊外に大型ショッピングセンターが進出。近年はインターネットを利用した買い物も普及している。目に見えないものを提供する業種をサービス業という。情報通信業，金融・保険業，不動産業は都市部に多い。情報技術の発展により社会や生活が変化する IT 革命がおこり，情報通信業の売り上げが増加。高齢化が進み，医療・福祉業も成長。

CHECK 3 運輸と交通

国内輸送は，高速交通網の発達により自動車輸送が中心になった。外国との貿易では，重くてかさばる品物は海上輸送，高価で軽量なものは航空輸送で運ばれる。

CHECK 4 貿易

輸出が多い貿易黒字の国と輸入が多い貿易赤字の国との間でおこる貿易摩擦などの課題を解決するため，世界貿易機関（WTO）が話しあいを行っている。

> 日本企業は貿易摩擦を解消するため，工場の海外移転を進めたんだ。

日本のおもな貿易相手国

数字は輸出入総額（億円）

ドイツ 49277
中華人民共和国 331357
アラブ首長国連邦 36382
アメリカ合衆国 238947
韓国 82709
サウジアラビア 35725
オーストラリア 65374
ブラジル 12826

輸入 ◖ 輸出

（2019年）　（「日本国勢図会」2020/21 年版）

確認問題

CHECK 1

1 右の地図中の①〜④にあてはまる語句を，次のア〜エからそれぞれ選び，記号で答えましょう。

ア　阪神　　イ　京浜　　ウ　瀬戸内
エ　中京

①		②	

③		④	

地図内：
④ 工業地域
③ 工業地帯
② 工業地帯
① 工業地帯

CHECK 2

2 次の文中の①〜⑥にあてはまる語句を，あとのア〜カからそれぞれ選び，記号で答えましょう。

> 卸売業(おろしうり)と　①　からなる　②　の従事者数は減少傾向(けいこう)にある。いっぽうで増えているのは目に見えないものを提供する　③　である。特に情報技術の発展で　④　が売り上げをのばし，世界に広がる通信網(もう)である　⑤　を利用して買い物が行われるなど，人々の生活のようすも変化した。このような変化を　⑥　という。

ア　IT革命　　　イ　商業　　　ウ　インターネット
エ　サービス業　オ　小売業(こうり)　カ　情報通信業

第三次産業のようすをとらえよう。

①		②		③	

④		⑤		⑥	

CHECK 3-4

3 次の文中の①〜⑩にあてはまる語句を，あとのア〜コからそれぞれ選び，記号で答えましょう。

> 国内輸送は　①　の発達により，戸口から戸口へ荷物を運べるという利点がある　②　が中心となった。貿易では石油や　③　など重くてかさばるものは　④　，　⑤　など軽量・高価なものは　⑥　で輸送される。
> 日本は　⑦　が多いことから貿易相手国との間で　⑧　がおこり，　⑨　を増やすよう求められてきた。このような貿易上の問題を解決する機関として　⑩　がある。

ア　輸入　　　イ　航空機　　ウ　集積回路　　エ　WTO　　オ　高速交通網
カ　船舶(せんぱく)　キ　自動車　　ク　自動車輸送　ケ　輸出　　コ　貿易摩擦

①		②		③		④		⑤	

⑥		⑦		⑧		⑨		⑩	

✎ 練習問題

1 ▶ 次の問いに答えましょう。

(1) 関東から九州北部の沿岸部に帯状に広がる工業がさかんな
地域をまとめて何といいますか。 [　　　　　　]

(2) 日本で最も製造品出荷額の多い工業地帯を何といいますか。 [　　　　　　]

(3) 東京都から神奈川県の沿岸部に広がる工業地帯を何といい
ますか。 [　　　　　　]

(4) 瀬戸内海沿岸に広がる，化学工業のさかんな工業地域を何
といいますか。 [　　　　　　]

(5) 日本企業が海外に工場を移転し，現地の労働力を使って製
品を生産することを何といいますか。 [　　　　　　]

2 ▶ 次の問いに答えましょう。

(1) 世界に網の目のようにはりめぐらされた通信網を何といい
ますか。 [　　　　　　]

(2) 右の地図中の**ア～エ**のうち，第三次産業に従事して
いる人の割合が最も高い都道府県を１つ
選び，記号で答えましょう。 [　　　]

💡ヒント (3) 次の**ア～オ**のうち，①商業にあてはまるものと，
②サービス業にあてはまるものをそれぞれ１つ選
び，記号で答えましょう。

ア 製造業 　　イ 農業 　　ウ 小売業

エ 建設業 　　オ 電気・ガス・水道業

① [　　　] 　② [　　　]

3 ▶ 次の問いに答えましょう。

(1) 貿易赤字の国の経済について説明した文を，次の**ア～エ**から１つ選び，記号で答えま
しょう。

ア 雇用が増える。 　　イ 景気が良くなる。

ウ 産業が衰退する。 　　エ 輸入を増やす。 [　　　]

(2) WTO の役割を，次の**ア～エ**から１つ選び，記号で答えましょう。

ア 国家間の貿易摩擦をより進める。

イ 国家間の貿易で品物の輸送を行う。

ウ 貿易赤字国に資金援助をする。

エ 国家間の貿易上の問題を解決する。 [　　　]

WTO は世界貿易機関
のことだよ。

 ヒント **2** ▶ (3)②美容院で髪を切ってもらうなど，形のない商品を「サービス」というよ。

4 日本の貿易について説明した文として正しいものを，次のア〜エから１つ選び，記号で答えましょう。

　ア　おもに製品を輸出する貿易から，原料を輸入する貿易へと変化した。

　イ　おもに原料を輸入し製品を輸出する貿易から，製品を輸入する貿易へと変化した。

　ウ　おもに製品を輸入する貿易から，原料を輸出する貿易へと変化した。

　エ　おもに原料を輸出し製品を輸入する貿易から，原料を輸入する貿易へと変化した。

輸入と輸出の移り変わりを考えよう。

[　　　　　]

5 >STEP UP> 第三次産業の規模の変化を示した右のグラフを見て，次の問いに答えましょう。

(1)　医療・福祉業が成長している理由として最も適切なものを，次のア〜エから１つ選び，記号で答えましょう。

　ア　子どもの死亡率が高いから。

　イ　高齢化が進んでいるから。

　ウ　人口爆発がおきているから。

　エ　人口減少がいちじるしいから。

[　　　　　]

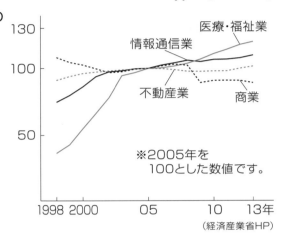

※2005年を100とした数値です。

1998 2000　　05　　10　　13年
（経済産業省HP）

(2)　IT革命によって重要度が高まったものを，グラフ中から１つ選んで書きましょう。

[　　　　　]

6 >STEP UP> 日本の貨物輸送の移り変わりを示した下のグラフを見て，次の問いに答えましょう。

(1)　**A**にあてはまる輸送機関を，次のア〜エから１つ選び，記号で答えましょう。

　ア　自動車　　イ　航空機　　[　　　]
　ウ　鉄道　　　エ　船舶

(2)　**B**の割合が高まった理由を，次のア〜エから１つ選び，記号で答えましょう。

　ア　多くの線路が整備されたから。

　イ　高速交通網が整備されたから。

　ウ　ほかの輸送機関より速く運べるから。

　エ　ほかの輸送機関より大量のものを運べるから。

日本の貨物輸送の移り変わり

A539　　B207
1965年度　636　C
2018年度　2121　1791　　航空機1
194
2000　4000　6000億tkm
（「日本国勢図会」2020/21年版ほか）

[　　　　　]

(3)　**C**の輸送機関でおもに運ばれるものを，次のア〜エから２つ選び，記号で答えましょう。

　ア　自動車　　イ　花　　ウ　集積回路　　エ　鉄鋼

[　　　][　　　]

4 日本の地域区分，九州地方

✔ チェックしよう！

CHECK 1 日本の都道府県と地方区分

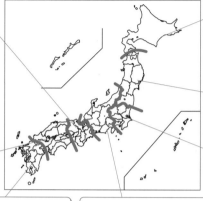

近畿地方…三重県，滋賀県，京都府，大阪府，兵庫県，奈良県，和歌山県の2府5県。

中国・四国地方…鳥取県，島根県，岡山県，広島県，山口県，徳島県，香川県，愛媛県，高知県の9県。

九州地方…福岡県，佐賀県，長崎県，熊本県，大分県，宮崎県，鹿児島県，沖縄県の8県。

北海道地方…北海道の1道。

東北地方…青森県，岩手県，宮城県，秋田県，山形県，福島県の6県。

関東地方…茨城県，栃木県，群馬県，埼玉県，千葉県，東京都，神奈川県の1都6県。

中部地方…福井県，石川県，富山県，新潟県，山梨県，長野県，岐阜県，静岡県，愛知県の9県。

CHECK 2 九州（きゅうしゅう）地方の自然・農業・工業・環境（かんきょう）保全

筑紫（つくし）平野…古くからの稲作（いなさく）地帯。米と麦との二毛作（にもうさく）。

有明海（ありあけかい）…のりの養殖（ようしょく）。干拓（かんたく）が行われてきた。

シラス台地…火山灰が積もった水はけのよい台地。畜産（ちくさん）や畑作がさかん。

北九州工業地域

阿蘇山（あそ）…大規模なカルデラがある。

宮崎平野…野菜の促成栽培（そくせいさいばい）がさかん。

桜島（さくらじま）…噴火（ふんか）によって大隅半島（おおすみ）と陸続きになった。

南西諸島（なんせいしょとう）…さんご礁（しょう）が見られる。

九州山地

水俣（みなまた）

○IC工場

明治時代に現在の北九州市に八幡製鉄所（やはたせいてつじょ）が建設され，鉄鋼業がさかんになった。

北九州工業地域は日本の重工業の中心だったが，1960年代以降，エネルギー革命（めい）（かく）が進み衰退（すいたい）。現在はICなどの機械工業へ転換（てんかん）。

熊本県水俣市（くまもと）（みなまた）ではメチル水銀（有機水銀）が原因で水俣病が発生。その後，環境（かんきょう）保全に取り組み，水俣市や北九州市は国から環境モデル都市に指定された。

CHECK 1

1 右の地図中の①〜⑦の都道府県名を，次の**ア〜キ**からそれぞれ選び，記号で答えましょう。

ア 岐阜県 イ 徳島県 ウ 京都府
エ 鳥取県 オ 熊本県 カ 宮城県
キ 栃木県

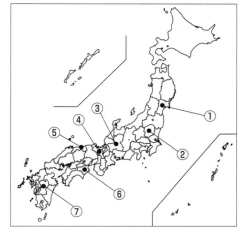

①	②	③
④	⑤	⑥

⑦

CHECK 2

2 右の地図中の①〜⑧にあてはまる語句を，次の**ア〜ク**からそれぞれ選び，記号で答えましょう。

ア 阿蘇 イ 宮崎 ウ 筑紫 エ 九州
オ 有明 カ 桜島 キ シラス ク 南西

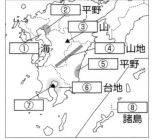

①	②	③	④
⑤	⑥	⑦	⑧

CHECK 2

3 次の文中の①〜⑧にあてはまる語句を，あとの**ア〜ク**からそれぞれ選び，記号で答えましょう。

> 九州地方では，明治時代に現在の ① 市に建てられた官営の ② により， ③ が栄えた。 ④ 地域は戦前まで日本の鉄鋼の半分以上を生産し，日本の重工業の中心となったが，1960年代以降は ⑤ が進んで衰退し，現在は ⑥ への転換を図っている。また，工業の発展で環境破壊が進み， ⑦ 市で⑦病が発生するなどしたが，環境改善に取り組んだことで，現在は ⑧ に指定されている。

ア 機械工業 イ 水俣 ウ 北九州 エ エネルギー革命
オ 八幡製鉄所 カ 環境モデル都市 キ 鉄鋼業 ク 北九州工業

九州地方の工業と環境保全についておさえよう。

①	②	③	④
⑤	⑥	⑦	⑧

✏ 練 習 問 題

1 ▷ 次の問いに答えましょう。

(1) 日本には都道府県が全部でいくつありますか。 [　　　　　]

(2) 九州地方には，いくつの県がありますか。 [　　　　　]

(3) 福島県は何地方に属していますか。 [　　　　　]

(4) 奈良県は何地方に属していますか。 [　　　　　]

2 ▷ 次の問いに答えましょう。

(1) 同じ耕地で，米と麦など一年に二種類の農作物を栽培する
農業を何といいますか。 [　　　　　]

(2) 阿蘇山に見られる，火山の噴火などによってできた大きな
くぼ地を何といいますか。 [　　　　　]

(3) 九州南部にある，火山灰などが堆積してできた白っぽい台
地を何といいますか。 [　　　　　]

(4) 九州を代表する稲作地帯である平野を何といいますか。 [　　　　　]

💡(5) 九州地方は火山活動がさかんな地域です。次の**ア〜エ**のうち，火山活動と関係のない
こととして最も適切なものを１つ選び，記号で答えましょう。
　　ア　シラス台地　　イ　地熱発電
　　ウ　カルデラ　　　エ　さんご礁 [　　　　　]

3 ▷ 次の問いに答えましょう。

(1) 1960 年代以降にエネルギー源が石炭から石油にかわった
ことを何といいますか。 [　　　　　]

(2) 熊本県水俣市で発生した四大公害病について，次の**A・B**にあてはまる語句を答えま
しょう。

> 水俣市で発生した　**A**　は，化学工場が排出した　**B**　によって汚染された魚を人
> が食べたことで引きおこされた。

　　　　　　　　　　　　A [　　　　　]　　B [　　　　　]

💡 **2** ▷ (5)さんご礁はさんごの死がいなどが積み重なってできているよ。

4 ▶ 右の地図を見て，次の問いに答えましょう。

(1) 地図中の**A〜E**の都道府県のうち，都道府県名と都道府県庁所在地名が異なる都道府県を１つ選び，記号で答えましょう。

[　　　　　　]

(2) 地図中の**X・Y**の都道府県は，それぞれ何地方に属していますか。7地方区分をもとに答えましょう。

X [　　　　　　　　　]

Y [　　　　　　　　　]

---

5 ▶STEP UP▶ 右の地図を見て，次の問いに答えましょう。

(1) 地図中の**X**の山地を何といいますか。

[　　　　　　　　　]

(2) 地図中の**A・B**の地域の農業について述べているものを，次の**ア〜ウ**からそれぞれ選び，記号で答えましょう。

　ア　温暖な気候を利用して，きゅうりの促成栽培がさかんである。

　イ　水はけのよい地質が稲作に向かず，畜産や畑作がさかんになった。

　ウ　九州を代表する稲作地帯で，米の裏作として麦を栽培している。

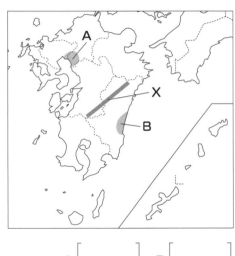

A [　　　]　B [　　　]

---

6 ▶STEP UP▶ 右の地図を見て，次の問いに答えましょう。

(1) 地図中にある**X**の工業地域を何といいますか。

[　　　　　　　　　]

(2) 地図中の**●**がおもな分布を示している工場を，次の**ア〜エ**から１つ選び，記号で答えましょう。

　ア　自動車工場　　イ　化学工場
　ウ　IC工場　　　　エ　食料品工場

[　　　　　　]

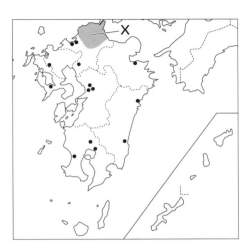

スマホでサクッとチェック：P2

第2章 日本のさまざまな地域

5 中国・四国地方，近畿地方

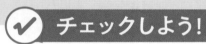

✓ **チェックしよう！**

CHECK 1 中国・四国地方

瀬戸内の気候…年間を通じて降水量が少ない。

地方中枢都市は過密，離島や山間部は少子高齢化が進み過疎化。

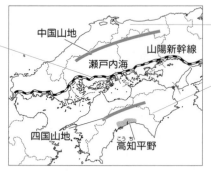

中国山地

山陽新幹線

瀬戸内海

四国山地

高知平野

日本海側の気候…冬に降水量が多い。

太平洋側の気候…夏に降水量が多い。

高知平野では野菜の促成栽培，愛媛県はまだいの養殖漁業が有名。水上交通の便がよいことから，瀬戸内工業地域が発達。本州四国連絡橋がつくられ，四国から本州へ買い物に行く人が増え，四国の経済が打撃を受けた。

CHECK 2 近畿地方の自然・産業

北部…山がちで，冬の降水量が多い日本海側の気候。

中央…低地で平野や盆地があり，人口が集中。

南部…温暖で降水量が多い太平洋側の気候，古くから，すぎやひのきの産地として林業がさかん。

若狭湾

琵琶湖

京都盆地

阪神工業地帯

奈良盆地

紀伊山地

リアス海岸…英虞湾では真珠の養殖がさかん。

阪神工業地帯は，せんい工業を中心に中小工場が発展，現在は機械工業がさかん。大都市周辺では，近郊農業がさかん。

CHECK 3 近畿地方の歴史・発展

かつて奈良には平城京，京都には平安京が置かれた。大阪は江戸時代に全国の商業の拠点であったため「天下の台所」とよばれた。神戸を中心に，1995年に阪神・淡路大震災の被害を受けたが，今後に備えて対策が進められている。

CHECK 1

1 次の文の □ にあてはまることばを書きましょう。

・中国・四国地方の人口は，中国・四国地方の ① [   ] 都市である広島に集まっている。

・離島や山間部では，人口が減少して生活の維持が困難になる ② [   ] 化が進んでいる。

CHECK 1

2 次の文の □ にあてはまることばを書きましょう。

・高知平野では，温暖な気候を生かして野菜の ① [   ] が行われている。

・本州と四国の間につくられた橋（ルート）をまとめて ② [   ] という。

CHECK 2

3 次の文中の①〜⑦にあてはまる語句を，あとのア〜キからそれぞれ選び，記号で答えましょう。

> 　近畿地方の北部は，　①　の気候に属し，　②　の降水量が多い。中央は　③　盆地や奈良盆地，滋賀県には「近畿の水がめ」とよばれる　④　湖がある。南部は　⑤　の気候で，温暖で降水量が多く，　⑥　山地などで林業がさかん。また，若狭湾や英虞湾には　⑦　海岸が見られる。

ア　琵琶　　イ　冬　　　ウ　太平洋側　　エ　リアス
オ　紀伊　　カ　日本海側　キ　京都

近畿地方の自然と産業をとらえよう。

① [   ]　② [   ]　③ [   ]

④ [   ]　⑤ [   ]　⑥ [   ]　⑦ [   ]

CHECK 3

4 次の文の □ にあてはまることばを書きましょう。

・奈良には 710 年に都として ① [   ] が，京都には 794 年に都として ② [   ] が置かれた。

・大阪は江戸時代に ③ [   ] とよばれ，商業の中心地として栄えた。

・神戸を中心に 1995 年に ④ [   ] の被害を受けたあと，災害への対策が行われている。

✏️ 練習問題

1 次の問いに答えましょう。

(1) 冬の季節風がぶつかる，中国地方を東西に走る山地を何といいますか。 [   ]

(2) 夏の季節風がぶつかる，四国地方を東西に走る山地を何といいますか。 [   ]

(3) 中国地方と四国地方の間に広がる海を何といいますか。 [   ]

2 次の問いに答えましょう。

(1) 高知平野でさかんな，温暖な気候を利用して行う野菜の早づくりを何といいますか。 [   ]

(2) 瀬戸内海で行われている，まだいやかきを大きくなるまで育てる漁業を何といいますか。 [   ]

(3) 中国地方の南部を東西に走る新幹線を何といいますか。 [   ]

3 次の問いに答えましょう。

(1) すぎやひのきの生産が行われてきた，林業がさかんな近畿地方南部の半島を東西に走る山地を何といいますか。 [   ]

(2) 東大阪市などに多い，比較的（ひかくてき）規模の小さい工場を，大工場に対して何といいますか。 [   ]

(3) 右の北九州工業地域，京浜（けいひん）工業地帯，阪神工業地帯の製造品出荷（しゅっか）額等の割合を示した**ア～ウ**のグラフのうち，阪神工業地帯を示すものを１つ選び，記号で答えましょう。

	金属	機械		食料品	せんい0.5	
ア 10兆円	16.3%	機械46.6		5.6	16.9	その他 14.1
イ 26兆円	8.9%	49.4	化学17.7	11.0		0.4 12.6
ウ 33兆円	20.7%	36.9	17.0	11.0		1.3 13.1

(2017年)　　　　　　　（「日本国勢図会」2020/21年版）

[   ]

4 近畿地方の住宅地のようすについてあてはまるものを，次の**ア～エ**から１つ選び，記号で答えましょう。

ア　大きな道路のみに沿って住宅地が造成されている。

イ　どの地域も人口が少なく，まばらに住宅地ができている。

ウ　郊外（こうがい）の丘陵地（きゅうりょう）にいくつものニュータウンを建設している。

エ　住宅地は線路などがなく，広い土地を得られる内陸部に広がっている。

[   ]

💡 **3**▶(3)京浜・中京・阪神工業地帯は三大工業地帯といい，製造品出荷額が多いよ。

5 STEP UP 下の地図中のa～cの都市の雨温図を，次のア～ウからそれぞれ選び，記号で答えましょう。

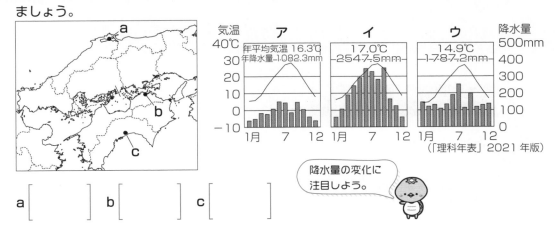

（「理科年表」2021年版）

降水量の変化に注目しよう。

a [   ] b [   ] c [   ]

6 STEP UP 本州四国連絡橋ができたことによる変化としてあてはまらないものを，次のア～エから1つ選び，記号で答えましょう。

ア　本州－四国間を移動するとき，天候の影響を受けにくくなった。

イ　本州－四国間を移動する人が増えたことで，フェリーの便数も増加した。

ウ　四国から本州に買い物へ行く人が増え，四国の経済が打撃を受けた。

エ　四国の農産物や水産物が，関西の大都市圏（けんしゅっか）へ出荷しやすくなった。

[   ]

7 STEP UP 近畿地方の農業について述べているものを，次のア～エから1つ選び，記号で答えましょう。

ア　水田単作地帯で米の生産がさかんである。

イ　都市部へ向けた野菜の近郊農業がさかんである。

ウ　広い耕地で大型機械を使った耕作がさかんである。

エ　シラス台地で肉用牛や豚（ぶた）などの畜産（ちくさん）がさかんである。

[   ]

8 STEP UP 次の説明があてはまる都市の名前を答えましょう。また，その位置を右の地図中のX～Zからそれぞれ選び，記号で答えましょう。

(1)　奈良時代に平城京が置かれた古都。

(2)　平安時代に平安京が置かれた古都。

(3)　江戸時代に「天下の台所」とよばれた商業の中心地。

(1) [   ] [   ]

平安京が置かれたのは京都だよ。

(2) [   ] [   ]

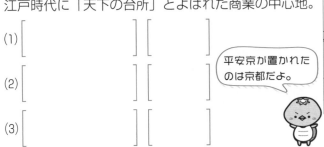

(3) [   ] [   ]

中部地方，関東地方

チェックしよう!

CHECK 1 中部地方の自然と農業

日本アルプス…北から並ぶ，飛騨山脈・木曽山脈・赤石山脈の総称。

中央高地…高原を中心にレタスやはくさいなどの抑制栽培。扇状地でりんご・ぶどう・ももなど果物を栽培。

濃尾平野…水害に備えた輪中が見られる。

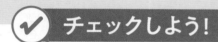

北陸…稲作だけを行う水田単作がさかん。

信濃川…日本一長い河川。下流に越後平野が広がる。

東海…渥美半島でメロンや電照ぎくなどの施設園芸農業。静岡県で茶やみかんの栽培がさかん。

越後平野

渥美半島

CHECK 2 中部地方の工業

愛知県が中心の中京工業地帯は製造品の出荷額が日本一で，とくに自動車工業がさかん。豊田市やその周辺に関連工場が集中。静岡県沿岸部は東海工業地域が広がる。福井県鯖江市は眼鏡フレームなどの地場産業が，新潟県や富山県は北陸工業地域を形成。

CHECK 3 関東地方の自然と人口

関東平野は日本最大の平野。火山灰が積もってできた，関東ロームという地層が見られる。首都東京は通勤・通学者が集まり，昼間人口が多い。

CHECK 4 関東地方の工業と農業

輸送に便利な臨海部の埋め立て地に京浜工業地帯・京葉工業地域が，交通の発達により内陸部に関東内陸工業地域が形成。輸送費が安く，新鮮なまま出荷・販売ができる近郊農業がさかん。

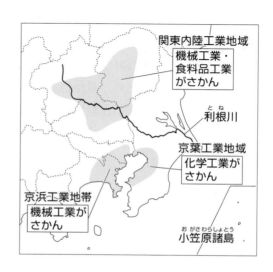

関東内陸工業地域
機械工業・食料品工業がさかん

利根川

京葉工業地域
化学工業がさかん

京浜工業地帯
機械工業がさかん

小笠原諸島

CHECK 1

1 右の地図中の①〜⑧にあてはまる語句を，次のア
〜クからそれぞれ選び，記号で答えましょう。

ア 濃尾平野　　イ 赤石山脈　　ウ 木曽山脈
エ 飛驒山脈　　オ 越後平野　　カ 信濃川
キ 渥美半島　　ク 日本アルプス

①	②	③

④	⑤	⑥

⑦	⑧

CHECK 2

2 次の文中の①〜④にあてはまる語句を，あとのア〜エからそれぞれ選び，記号で答
えましょう。

> 愛知県に広がる，日本一の出荷額である　①　工業地帯は，　②　の生産が
> 多い。静岡県にはパルプや楽器の生産がさかんな　③　工業地域が広がる。ま
> た，新潟県や富山県で石油化学工業が発達し，　④　工業地域となっている。

ア 北陸　　イ 東海　　ウ 中京　　エ 自動車

①	②	③	④

CHECK 3

3 次の文中の①〜⑤にあてはまる語句を，あとのア〜オからそれぞれ選び，記号で答
えましょう。

> 千葉県と茨城県の県境には　①　川が流れ，太平洋へ注いでいる。火山灰が
> 積もった　②　が見られる　③　平野には，日本の　④　である東京がある。
> 周辺の地域や県から多くの通勤・通学者が集まることから，　⑤　人口が多い。

ア 関東　　イ 利根　　ウ 昼間　　エ 関東ローム　　オ 首都

①	②	③	④	⑤

CHECK 4

4 右の地図中の①〜③にあてはまる語句を，次のア〜ウ
からそれぞれ選び，記号で答えましょう。

ア 京葉工業地域　　イ 京浜工業地帯
ウ 関東内陸工業地域

①	②	③

✎ 練 習 問 題

1 ▶ 次の問いに答えましょう。

(1) 北陸などで見られる，1年に1回，稲作だけを行う農業を
何といいますか。 [   ]

(2) 日本で最も長い河川を何といいますか。 [   ]

(3) 右の地図中の日本アルプスに含_{ふく}まれない山脈を，次の**ア**〜
エから1つ選び，記号で答えましょう。
ア 赤石山脈 イ 木曽山脈
ウ 越後山脈 エ 飛驒山脈 [   ]

日本アルプス

2 ▶ 次の問いに答えましょう。

(1) 日本一の製造品出荷額である，愛知県を中心とした工業地
帯を何といいますか。 [   ]

(2) 静岡県に広がる，オートバイや楽器の生産がさかんな工業
地域を何といいますか。 [   ]

(3) 新潟県や富山県を含む一帯に広がる工業地域を何といいま
すか。 [   ]

3 ▶ 右の地図を見て，次の問いに答えましょう。

(1) **X** の平野と **Y** の河川を何といいますか。

X [   ] Y [   ]

(2) **X** の平野には，周辺の火山から出た火山灰が風に飛ばさ
れて積もったことでできた地層が見られます。この地層
を何といいますか。 [   ]

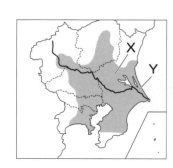

4 ▶ 次の問いに答えましょう。

(1) 東京都から神奈川県に広がる工業地帯を何といいますか。 [   ]

(2) 千葉県を中心に広がる工業地域を何といいますか。 [   ]

(3) 栃木_{とちぎ}県・群馬_{ぐんま}県・埼玉_{さいたま}県にまたがる工業地域を何といいま
すか。 [   ]

💡 **1** (2)長野県から新潟県に向かって流れている川だよ。

5 STEP UP 次の表は，新潟県・山梨県・静岡県の農業産出額を示したものです。それぞれの県にあてはまるものを，ア～ウから選び，記号で答えましょう。

単位：億円

	米	野菜	果実	畜産
ア	194	643	298	464
イ	1445	350	77	478
ウ	63	112	629	77

（2018年）　（「データでみる県勢」2021年版）

新潟県 [　　]

山梨県 [　　]

静岡県 [　　]

6 STEP UP 北陸地方で地場産業がさかんな理由を，次のア～エから1つ選び，記号で答えましょう。

北陸地方は日本海側の気候に属しているよ。

ア 農業ができない冬の間，農家の副業として発達したから。

イ 古くから大規模な工業地帯が形成されてきたから。

ウ 土地が耕作に向かず，手工業によって生計を立ててきたから。

エ 交通の便がよく，大都市に向けて製品を出荷しやすかったから。

[　　]

7 STEP UP 右の表を見て，次の問いに答えましょう。

(1) 昼間人口と夜間人口の説明として正しいものを，次のア～エから2つ選び，記号で答えましょう。

　ア 日中，ほかの都県へ通勤・通学している人が多い都県は昼間人口が多くなる。

　イ 日中，ほかの都県から通勤・通学してくる人が多い都県は昼間人口が多くなる。

　ウ 日中，ほかの都県へ通勤・通学している人が多い都県は夜間人口が多くなる。

　エ 日中，ほかの都県から通勤・通学してくる人が多い都県は夜間人口が多くなる。

関東地方の人口　　（単位：千人）

	昼間人口	夜間人口
栃木県	1955	1974
千葉県	5582	6223
茨城県	2843	2917
A	1970	1973
B	6456	7267
C	8323	9126
D	15920	13515

（2015年）（「日本国勢図会」2020/21年版）

[　　] [　　]

(2) 表中のA～Dは，関東地方のいずれかの都県を示しています。東京都にあてはまるものを，A～Dから選びましょう。

[　　]

8 STEP UP 右のグラフは，関東地方にある工業地帯・地域の製造品出荷額等割合を示したものです。X～Zにあてはまる工業地帯・地域を，次のア～ウからそれぞれ選び，記号で答えましょう。

ア 京葉工業地域

イ 京浜工業地帯

ウ 関東内陸工業地域

X 12兆円　｜金属｜｜機械｜　　　　食料品｜せんい0.2
21.5%｜13.1｜化学39.9｜15.8｜9.5

Y 26兆円　　　　　　　　　　　　　　その他 0.4
8.9%｜49.4｜17.7｜11.0｜12.6

Z 32兆円　　　　　　　　　　　　　0.7
11.6%｜45.9｜9.6｜15.1｜17.1

（2017年）　（「日本国勢図会」2020/21年版）

X [　　] Y [　　] Z [　　]

スマホでサクッとチェック：P2

7 東北地方，北海道地方

✔ チェックしよう！

 CHECK 1 東北地方の自然・農業

やませ…夏に北東から吹くことがある冷たい風。冷害をもたらす。

三陸海岸南部…山地や谷が海に沈んでできたリアス海岸が見られる。

潮目（潮境）…寒流と暖流がぶつかるところ。プランクトンが豊富で，好漁場となっている。

秋田平野や庄内平野，仙台平野を中心に稲作がさかんで，日本の穀倉地帯。津軽平野のりんご，山形盆地のさくらんぼ，福島盆地のももが日本有数の出荷量となっている。

 CHECK 2 東北地方の祭り・伝統産業

青森県青森市のねぶた祭，秋田県秋田市の竿燈まつり，宮城県仙台市の七夕まつりは東北三大祭りとよばれる。農作業のできない冬の仕事として昔から行われている工芸品づくりが，伝統産業として続いている。

 CHECK 3 北海道地方の自然・産業

石狩平野…泥炭地を客土や排水施設で改良し，寒さに強い稲を品種改良で生み出して稲作がさかんになった。

サロマ湖…ほたて貝の養殖漁業や，稚貝をオホーツク海へ放流する栽培漁業が行われている。

根釧台地…濃霧で夏も冷涼な気候。稲作や畑作に不向きだったが，国の政策により酪農がさかんになった。

十勝平野…火山灰で水はけがよく，日本有数の畑作地帯。

CHECK 1

1 右の地図中の①〜⑨にあてはまる語句を，次の
ア〜ケからそれぞれ選び，記号で答えましょう。

ア　仙台　　イ　奥羽　　ウ　やませ
エ　秋田　　オ　潮目　　カ　庄内
キ　山形　　ク　福島　　ケ　津軽

①	②	③
④	⑤	⑥
⑦	⑧	⑨

① 平野
② 山脈
③ 平野
④ 平野
⑤ 盆地
⑥ 盆地
⑦
⑧ 平野
⑨
親潮（千島海流）
黒潮（日本海流）

CHECK 2

2 次の文の ▢ にあてはまることばを書きましょう。

夏に行われる青森市の ① 祭，仙台市の

② まつり，秋田市の ③ まつりは

東北三大祭りとよばれている。

CHECK 3

3 右の地図中の①〜⑥にあてはまる語
句を，次のア〜カからそれぞれ選び，
記号で答えましょう。

ア　知床　　イ　十勝　　ウ　択捉
エ　日高　　オ　根釧　　カ　石狩

①	②	③
④	⑤	⑥

オホーツク海
① 平野
④ 半島
⑥ 島
⑤ 台地
③ 平野
② 山脈

CHECK 3

4 次の文中の①〜④にあてはまる語句を，あとのア〜エからそれぞれ選び，記号で答
えましょう。

> 石狩平野は土地改良や品種改良によって ① がさかんになった。
> ② は火山灰で水はけがよく， ③ がさかんである。また漁業もさかん
> で，サロマ湖でほたて貝の養殖や，稚貝をオホーツク海に放流する ④ が
> 行われている。

ア　栽培漁業　　イ　稲作　　ウ　十勝平野　　エ　畑作

①	②	③	④

1 次の問いに答えましょう。

(1) 暖流と寒流がぶつかるところを何といいますか。

[　　　　　　　　　]

(2) 三陸海岸南部のリアス海岸がつくられるようすを，次の**ア～エ**から１つ選び，記号で答えましょう。

　ア　海の波によって侵食されてできた。
　イ　川の水が土砂を運んでできた。
　ウ　氷河の侵食によってできた。
　エ　山地や谷が海に沈んでできた。

[　　　]

2 次の問いに答えましょう。

(1) 地元の原材料を使って，昔から行われている工芸品をつくる産業を何といいますか。

[　　　　　　　　　]

(2) 右の地図中の **A～C** の都市で夏に行われる祭りを，次の**ア～ウ**からそれぞれ選び，記号で答えましょう。

　ア　竿燈まつり　　イ　七夕まつり
　ウ　ねぶた祭

A[　　　]　B[　　　]　C[　　　]

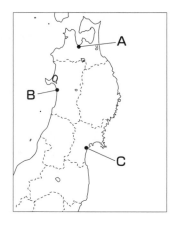

3 根釧台地について，次の文中の a ～ c にあてはまる語句を，あとの**ア～エ**からそれぞれ選び，記号で答えましょう。

| 根釧台地では，| a | の季節風が | b | に冷やされて | c | が発生する。|

ア　夏　　イ　冬
ウ　親潮　　エ　濃霧

a[　　　]　b[　　　]　c[　　　]

4 次の平野や台地の農業について説明しているものを，次の**ア～ウ**からそれぞれ選び，記号で答えましょう。

　ア　客土などで土地を改良し，寒さに強い稲を植えることで稲作地帯となった。
　イ　冷涼な気候を生かして，乳牛を飼育し，酪農がさかんになった。
　ウ　全国有数の畑作地帯で，大型機械を使ってじゃがいもなどを栽培している。

石狩平野[　　　]　　十勝平野[　　　]　　根釧台地[　　　]

💡 **3** 根釧台地は夏でも涼しい気候だよ。

5 ▷ STEP UP ▷ 右の地図を見て，次の問いに答えましょう。

(1) やませの影響を受けるのは，地図中の**a・b**どちらの都市ですか。

[   ]

(2) 地図中の**c・d**の都市の雨温図を，次のア・イからそれぞれ選び，記号で答えましょう。

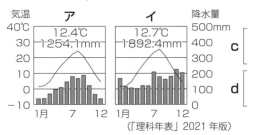

（「理科年表」2021年版）

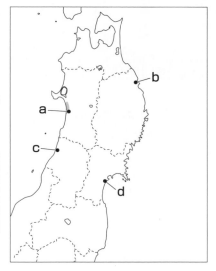

6 ▷ STEP UP ▷ 近年の東北地方の産業についての説明として正しいものを，次のア〜エから１つ選び，記号で答えましょう。

ア 高速道路沿いに工業団地がつくられ，半導体や自動車などをつくる工場が進出した。

> 東北自動車道がつくられたことで，製品の輸送がしやすくなったよ。

イ 臨海部に工業団地がつくられ，化学工業を中心に工業地域が形成された。

ウ 機械工業の工場が撤退したことから，伝統産業に力を入れるようになった。

エ 農業がさかんな地域に工場が進出し，食料品工業がさかんになった。

[   ]

7 ▷ STEP UP ▷ 右の地図を見て，**A・B**の平野の名前を答えましょう。

A [   ]

B [   ]

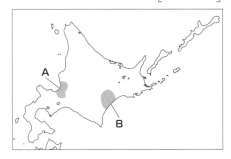

8 ▷ STEP UP ▷ 右のグラフは，北海道地方と全国の都府県の農家について，耕地規模の割合を比べたものです。グラフから読み取れることとして正しいものを，次のア〜エから１つ選び，記号で答えましょう。

ア 北海道地方の農家の耕地規模は，都府県に比べてせまい。

イ 北海道地方の農家の耕地規模は，都府県に比べて広い。

ウ 北海道地方の農家の耕地規模は，都府県とほぼ同じような広さである。

エ 北海道地方の農家の耕地規模は，1.0ha未満が主流となっている。

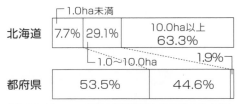

（2019年）　　（「日本国勢図会」2020/21年版）
※計算により100％にならない場合があります。

[   ]

① 文明のおこりと日本の成立

✔ チェックしよう！

CHECK 1 人類の出現と世界の古代文明

約700〜600万年前に猿人が，約200万年前に原人が，約20万年前に新人が登場したんだ。

メソポタミア文明
くさび形文字

ユーフラテス川

黄河
ホワンホー

キリスト教

チグリス川

インダス川

仏教

長江
チャンチアン

イスラム教

インダス文明
インダス文字

中国文明
甲骨文字（殷）

エジプト文明
象形文字
（ヒエログリフ）

ナイル川

人類の誕生

宗教	開祖	おこった地域
仏教	シャカ（釈迦）	インド
キリスト教	イエス	パレスチナ
儒学（儒教）	孔子	中国
イスラム教	ムハンマド	アラビア半島

CHECK 2 日本の成立

時代	年代	できごと
旧石器		打製石器でマンモスなどをとらえて食料とする
縄文	約1万年前	日本列島が成立する ・縄文土器 ・貝塚 ・たて穴住居
弥生	紀元前4世紀ごろ	稲作が伝来する ➡鉄器，青銅器も伝わり，弥生土器がつくられる ➡高床倉庫で稲を貯蔵する
弥生	57	倭の奴国の王が漢（後漢）に使いを送る➡皇帝から金印を授かる
弥生	239	邪馬台国の女王卑弥呼が魏に使いを送る

魔除けや豊かなめぐみを祈るために土偶がつくられたと考えられているよ。

CHECK 3 日本の古代王権

時代	年代	できごと
古墳	3世紀後半	大和政権（ヤマト王権）が生まれ，古墳がつくられるようになる
古墳		大陸から渡来人が移住するようになる　須恵器をつくる技術など
古墳	5世紀	大和政権が九州地方北部から東北地方南部までを支配する

✎ 確認問題

CHECK 1

1 次の文中の ① ～ ⑧ にあてはまる語句を，あとのア～クからそれぞれ選び，記号で答えましょう。

> 人類は，アフリカで誕生し， ① から原人，原人から ② へと進化した。人類が ③ 石器を使っていた時代を旧石器時代， ④ 石器を使うようになった時代を新石器時代という。人類はやがて大河の流域に文明を築いた。ナイル川流域に ⑤ 文明，チグリス川とユーフラテス川流域に ⑥ 文明，インダス川流域に ⑦ 文明，黄河・長江流域に ⑧ 文明が築かれた。

ア　インダス　　イ　新人　　　ウ　打製　　エ　エジプト
オ　中国　　　　カ　メソポタミア　キ　磨製　　ク　猿人

① 　　　　② 　　　　③ 　　　　④

文明と川の名前を関連づけよう。

⑤ 　　　　⑥ 　　　　⑦ 　　　　⑧

CHECK 2

2 次の文中の ① ～ ⑧ にあてはまる語句を，あとのア～クからそれぞれ選び，記号で答えましょう。

> 約1万年前に氷期が終わり，日本列島が成立した。人々は，狩りや採集を行い，魚や貝をとって ① 土器で調理し， ② に住んだ。紀元前4世紀ごろには， ③ が伝来し， ④ 土器がつくられるようになった。また各地に小さな国ができ，争いが起こった。倭国の中で優位に立つために，奴国の王は ⑤ に使いを送り， ⑥ を授かった。
> 　 ⑦ の女王卑弥呼は， ⑧ に使いを送り，⑥や銅鏡などを授かった。

ア　漢（後漢）　イ　邪馬台国　ウ　弥生　　エ　たて穴住居
オ　稲作　　　　カ　金印　　　キ　縄文　　ク　魏

① 　　　　② 　　　　③ 　　　　④

旧石器・縄文・弥生時代ごとに特徴を整理しよう。

⑤ 　　　　⑥ 　　　　⑦ 　　　　⑧

CHECK 3

3 次の文中の 　　　 にあてはまる語句を書きましょう。

・3世紀後半に，大和地方を中心とする地域に ① 　　　　　　　　が生まれた。

・王や豪族の墓である ② 　　　　　　　　がつくられるようになった。

・大陸から日本列島に ③ 　　　　　　　　が移住して，須恵器をつくる技術などを伝えた。

1 ▶ 次の問いに答えましょう。

(1) 約 200 万年前に登場し，火を使ったり，言葉を発達させ
たりした人類を何といいますか。 [   ]

(2) 紀元前6世紀ごろに，中国で孔子が説いた教えを何といい
ますか。 [   ]

(3) 紀元前5世紀ごろに，インドに生まれたシャカが説いた教
えを何といいますか。 [   ]

(4) 紀元前後に，パレスチナ地方に生まれたイエスが説いた教
えを何といいますか。 [   ]

(5) 7世紀に，アラビア半島に生まれたムハンマドが説いた教
えを何といいますか。 [   ]

(6) 殷という王朝でつくられた，漢字のもととなった文字を何
といいますか。 [   ]

2 ▶ 次の問いに答えましょう。

(1) 低温で焼かれ，厚手で黒褐色で，表面に縄目の文様がつい
ていることが多い土器を何といいますか。 [   ]

(2) (1)を使っていたころ，人々が，食べたあとの貝がらや土器，
石器などを捨てた跡を何といいますか。 [   ]

(3) (1)を使っていたころ，魔除けや食料の豊かなめぐみを祈るため
につくられたと考えられている土製の人形を何といいますか。 [   ]

(4) 収穫した稲をたくわえた，ねずみや湿気を防ぐための工夫
がされている倉庫を何といいますか。 [   ]

3 ▶ 次の問いに答えましょう。

(1) 3世紀後半に大和地方を中心に生まれた勢力を何といいま
すか。 [   ]

(2) (1)の王は，何とよばれましたか。「天皇」以外のよび名を
答えましょう。 [   ]

💡 (3) 大阪府堺市にある大仙古墳は，右の図のような形をしてい
ヒント ます。このような形の古墳を何といいますか。

図
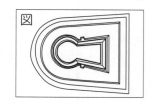

[   ]

💡 **3** ▶ (3)方形と円形からなる古墳だよ。

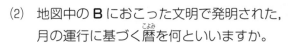

4 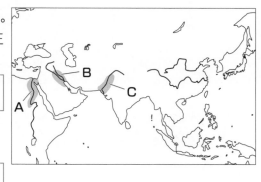 右の地図を見て，次の問いに答えましょう。

(1) 地図中の **A** におこった文明でつくられた王の墓を何といいますか。

[　　　　　　]

(2) 地図中の **B** におこった文明で発明された，月の運行に基づく暦（こよみ）を何といいますか。

[　　　　　　]

(3) 地図中の **C** におこった文明は，何という川の流域にありましたか。次から１つ選びましょう。

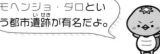

　ア　チグリス川　　イ　黄河
　ウ　ナイル川　　　エ　インダス川

[　　]

5 右の年表を見て，次の問いに答えましょう。

(1) 年表中の下線部①について，これより以前，人々がマンモスやオオツノジカなどを追って，移動しながら生活していた時代を何といいますか。

[　　　　　　]

年代	できごと
約１万年前	①日本列島が成立する
紀元前４世紀ごろ	稲作が伝来する
57	倭の　②　の王が漢（後漢）に使いを送る
239	③卑弥呼が魏に使いを送る

(2) 年表中の　②　にあてはまる国名を答えましょう。

[　　　　　　]

(3) 年表中の下線部③について，卑弥呼が女王となった国を何といいますか。

この国は，倭の 30 ほどの小さな国々で成り立っていたよ。

[　　　　　　]

6 次の問いに答えましょう。

(1) 大和政権が朝鮮（ちょうせん）半島からのべ板の形で輸入していた金属を，次から１つ選びましょう。

　ア　金　　イ　銀
　ウ　銅　　エ　鉄

農具や武器として使われた金属だよ。

[　　]

(2) 渡来人がその製作技術を伝えた，高温で焼かれた，黒っぽくかたい土器を何といいますか。

[　　　　　　]

古代国家の歩みと東アジア

 チェックしよう！

CHECK 1 聖徳太子の政治，大化の改新

時代	年代	できごと
飛鳥	593	聖徳太子（厩戸皇子）が推古天皇の摂政となる
		・冠位十二階の制度　・十七条の憲法　・遣隋使の派遣
	645	大化の改新が始まる➡中大兄皇子と中臣鎌足が中央集権国家をめざす
	663	白村江の戦い➡百済の復興をめざして，朝鮮半島へ出兵した
	672	壬申の乱が起こる➡皇位争いに勝利した天武天皇が即位した

CHECK 2 律令国家，天平文化

時代	年代	できごと
飛鳥	618	隋が滅び，唐が中国を統一する➡7世紀半ば，唐が高句麗に攻め入る
	701	大宝律令が制定される
		・班田収授法　・租・調・庸の税制
	710	平城京に都が移される
奈良	724	聖武天皇が即位➡天平文化が栄える
	743	墾田永年私財法が制定される
	752	東大寺の大仏が完成する

・正倉院の宝物
・『古事記』　・『日本書紀』
・『風土記』　・『万葉集』

CHECK 3 摂関政治，国風文化

時代	年代	できごと
平安	794	桓武天皇が平安京に都を移す
	894	菅原道真の提案で遣唐使が停止される
	936	高麗が朝鮮を統一する
	1016	藤原道長が摂政になる➡藤原氏による摂関政治
	1053	藤原頼通が平等院鳳凰堂を建てる➡浄土信仰を代表する阿弥陀堂

9世紀ごろ，征夷大将軍に任命された坂上田村麻呂は蝦夷を攻めたんだ。

平安時代の仏教

宗派	開祖	寺院
天台宗	最澄	延暦寺
真言宗	空海	金剛峯寺

国風文化（かな文字による文学作品）

『竹取物語』	『枕草子』（清少納言）
『古今和歌集』（紀貫之）	『源氏物語』（紫式部）

CHECK 1

1 次の文中の ① ～ ⑥ にあてはまる語句を，あとのア～カからそれぞれ選び，記号で答えましょう。

> 推古天皇の摂政となった ① は，有能な人物を取り立てるために ② の制度を定め，役人の心構えを示した ③ を制定した。また，中国の進んだ文化を取り入れるために ④ を派遣した。①の死後，⑤ (のちの天智天皇)と中臣鎌足は，独裁的な政治を進めた蘇我氏をほろぼし ⑥ を始めた。

ア 中大兄皇子　　イ 大化の改新　　ウ 十七条の憲法　　エ 聖徳太子
オ 遣隋使　　カ 冠位十二階

① _____　② _____　③ _____　④ _____　⑤ _____　⑥ _____

CHECK 2

2 次の文中の ① ～ ⑤ にあてはまる語句を，あとのア～オからそれぞれ選び，記号で答えましょう。

> 701年に ① が制定され，天皇を頂点とする国家のしくみが定まった。人々には，② により口分田があたえられ，収穫量の約3％の稲を納める租や特産物を納める調，布を納める庸といった税が課された。710年には平城京に都が移され，③ が即位すると，④ の力で国家を守るために，東大寺に大仏がつくられた。③のころに最も栄えた ⑤ 文化は，遣唐使が中国から伝えた仏教や国際色豊かな文化の影響を受けている。

ア 天平　　イ 仏教　　ウ 班田収授法
エ 聖武天皇　　オ 大宝律令

大宝律令も天平文化も唐の影響が大きいんだね。

① _____　② _____　③ _____　④ _____　⑤ _____

CHECK 3

3 次の文中の _____ にあてはまる語句を書きましょう。

・清少納言による『 ① 』や，紫式部による『源氏物語』が生まれ，

日本の風土や生活に合った文化である ② が栄えた。

・道長の子の頼通は，念仏を唱えて極楽浄土に生まれ変わることを願う

③ に基づいて，京都の宇治に ④ を建てた。

1 次の問いに答えましょう。

(1) 聖徳太子が定めた，有能な人物を取り立てるための制度を何といいますか。

[　　　　　　　　]

(2) 聖徳太子が定めた，役人の心構えを示したものを何といいますか。

[　　　　　　　　]

💡(3) 聖徳太子が建てた，現存する世界最古の木造建築物を何といいますか。
ヒント

[　　　　　　　　]

(4) 中大兄皇子は，白村江の戦いのあと，大津宮（滋賀県）で即位して何天皇になりましたか。

[　　　　　　　　]

(5) 大化の改新を始めた人物を，次からすべて選びましょう。
ア　蘇我蝦夷　　イ　中大兄皇子　　ウ　蘇我入鹿
エ　中臣鎌足

[　　　　　　　　]

2 次の問いに答えましょう。

(1) 東大寺を建て，そこに大仏をつくらせた天皇はだれですか。

[　　　　　　　　]

(2) 日本の神話や日本という国の成り立ちをまとめた歴史書には，『日本書紀』のほかに何がありますか。

[　　　　　　　　]

(3) 天皇や貴族のほか，防人や庶民のつくった和歌がおさめられている日本最古の和歌集を何といいますか。

[　　　　　　　　]

(4) (1)のころに栄えた，唐や仏教の影響を受けた国際色豊かな文化を何といいますか。

[　　　　　　　　]

3 次の問いに答えましょう。

(1) 794年に平安京に都を移し，政治の改革を進めた天皇はだれですか。

[　　　　　　　　]

(2) 唐がおとろえたため，894年に遣唐使の停止を提案した人物はだれですか。

[　　　　　　　　]

(3) 1016年に摂政の職につき，自分の権力の大きさを歌によむほど勢力をほこった人物はだれですか。

[　　　　　　　　]

(4) 9世紀の初めに，最澄が唐から伝えた仏教の宗派を何といいますか。

[　　　　　　　　]

💡 **1** (3)五重塔で有名な奈良県にある寺だよ。
ヒント

4 STEP UP 右の年表を見て，次の問いに答えましょう。

(1) 年表中の ① にあてはまる役職を答えましょう。

年代	できごと
593	聖徳太子が ① となる
607	小野妹子らを②中国に派遣する
672	③ が起こる

(2) 年表中の下線部②について，このときの中国の王朝として正しいものを，次から1つ選びましょう。
ア 殷　イ 漢
ウ 隋　エ 秦

進んだ文化を取り入れようとしたよ。

(3) 年表中の ③ にあてはまる，天智天皇のあとつぎをめぐる大友皇子と大海人皇子の争いを何といいますか。

勝利した人物は天武天皇となったよ。

5 STEP UP 右の年表を見て，次の問いに答えましょう。

(1) 年表中の下線部①について，律令制のもとで，国を治めるために都から派遣された貴族がついた役職を何といいますか。

年代	できごと
701	①大宝律令が制定される
710	② に都が移される
743	③墾田永年私財法が出される

(2) 年表中の ② にあてはまる語句を答えましょう。

(3) 年表中の下線部③について，この結果増えた貴族や寺社の私有地は，やがて何とよばれるようになりましたか。

土地と人民は国家のものであるという原則がくずれちゃったね。

6 STEP UP 右の年表を見て，次の問いに答えましょう。

(1) 年表中の ① について，帰国後，日本で真言宗を広めた僧を次から1人選びましょう。
ア 行基　イ 最澄
ウ 鑑真　エ 空海

年代	できごと
804	① が唐に渡る
1016	②藤原道長が摂政となる

(2) 年表中の下線部②について，藤原氏が天皇の代理あるいは補佐の職につき，実権をにぎって行った政治を何といいますか。

スマホでサクッとチェック：P2

3 第3章 古代〜中世〜近世
武士の成長と鎌倉幕府

✔ チェックしよう!

CHECK 1 院政と武士

時代	年代	できごと
平安	935	平将門の乱が起こる
	939	藤原純友の乱が起こる
	1086	白河天皇が上皇となって院政を始める
	1156	保元の乱が起こる
	1159	平治の乱が起こる➡源氏が敗れ，平氏が実権をにぎった
	1167	平清盛が，武士として初めて太政大臣になる➡日宋貿易が行われた
	1185	源頼朝の弟の源義経などに攻められ，壇ノ浦で平氏がほろびる

- ・武士団が成長し，源氏と平氏が有力になった。
- ・源氏は東日本，平氏は西日本に勢力を広げた。

- ・藤原氏をおさえて政治を行った。
- ・僧兵による強訴に対抗するため，武士の力を使った。

CHECK 2 鎌倉幕府の成立

時代	年代	できごと
鎌倉	1185	源頼朝が守護と地頭の設置を朝廷に認めさせる
		➡守護は国ごとに，地頭は荘園や公領ごとに設置された
	1192	源頼朝が征夷大将軍に任命される
	1221	後鳥羽上皇が承久の乱を起こす
		➡幕府が勝利し，朝廷を監視するために京都に六波羅探題を置いた

将軍と御家人は御恩と奉公の関係。

CHECK 3 鎌倉時代の人々のくらしと鎌倉文化

武家の法律…1232年，執権の北条泰時によって，御成敗式目(貞永式目)が定められた。

民衆の生活…二毛作の開始。寺社の門前や交通の要所で定期市の開催。

鎌倉文化…歌集『新古今和歌集』，建築『東大寺南大門金剛力士像』(運慶ら)
　　　　　　軍記物『平家物語』，随筆『徒然草』(兼好法師)

新しい仏教…・念仏　法然ー浄土宗，親鸞ー浄土真宗，一遍ー時宗
　　　　　　・題目　日蓮ー日蓮宗　・座禅　栄西，道元ー禅宗

CHECK 1

1 次の文中の ① ～ ⑧ にあてはまる語句を，あとのア～クからそれぞれ選び，記号で答えましょう。

10世紀前半，平将門や藤原純友が ① を率いて乱を起こした。①の中でも ② と平氏が有力であった。11世紀後半，③ が政治の実権をにぎる ④ が始まった。③は，強訴を行う僧兵をおさえるため武士の力を使った。12世紀の中ごろ，④の実権をめぐって ⑤ が起こり，続いて ⑥ が起こった。⑥に勝利した ⑦ は，太政大臣になり，武家政権を開いた。しかし，平氏の政治は不満を集め，1185年，⑧ などによって，壇ノ浦で平氏はほろぼされた。

| ア 源義経 | イ 院政 | ウ 白河上皇 | エ 平治の乱 |
| オ 平清盛 | カ 源氏 | キ 武士団 | ク 保元の乱 |

① ☐ ② ☐ ③ ☐ ④ ☐

武士はどうやって権力をにぎったのかな。

⑤ ☐ ⑥ ☐ ⑦ ☐ ⑧ ☐

CHECK 2

2 次の文中の ① ～ ⑤ にあてはまる語句を，あとのア～オからそれぞれ選び，記号で答えましょう。

1185年，① は国ごとに ② を，荘園や公領ごとに ③ を置くことを朝廷に認めさせた。鎌倉幕府を開いた①は，土地を仲立ちとした政治制度を整えた。将軍が御家人に ④ として領地を保護したり，新しい領地をあたえたりする代わりに，御家人は ⑤ として将軍のために命がけで戦った。

ア 源頼朝　イ 地頭　ウ 御恩　エ 奉公　オ 守護

① ☐ ② ☐ ③ ☐ ④ ☐ ⑤ ☐

CHECK 3

3 次の文中の ☐ にあてはまる語句を書きましょう。

武士の生活	民衆の生活
・武芸の訓練を行い，「弓馬の道」などの心構えを重視した。	・農村では米と麦の ② が始まった。
・1232年に武士のための法である ① が定められた。	・寺社の門前などで ③ が開かれるようになった。

✏️ 練習問題

1 ▶ 次の問いに答えましょう。
- (1) 東日本に勢力を広げた武士団は何氏ですか。 [   ]
- (2) 1159年に起こり，平氏が政治の実権をにぎるきっかけと
  なった戦いを何といいますか。 [   ]
- (3) 武士として初めて太政大臣についた人物はだれですか。 [   ]

2 ▶ 次の問いに答えましょう。
- (1) 鎌倉を本拠地として幕府を開いた人物はだれですか。 [   ]
- (2) 将軍と主従関係によって結ばれた，直接の配下である武士
  を何といいますか。 [   ]
- (3) 鎌倉幕府の打倒をめざして，後鳥羽上皇が起こした乱を何
  といいますか。 [   ]
- (4) (3)の後，朝廷の監視を行うために，京都に置かれた役職を
  何といいますか。 [   ]

3 ▶ 次の問いに答えましょう。
- (1) 後鳥羽上皇の命令で編集された歌集を何といいますか。 [   ]
- (2) 運慶らによってつくられ，東大寺南大門に納められた像を
  何といいますか。 [   ]
- (3) 琵琶法師が各地に語り伝えた，源平の争乱をえがいた軍記
  物の傑作を何といいますか。 [   ]
- (4) 鎌倉時代の仏教についてまとめた右の資料中の（ ① ）
  ～（ ③ ）にあてはまる開祖を，次からそれぞれ1
  人ずつ選びましょう。
  ア 日蓮　　イ 法然　　ウ 親鸞

  ① [   ]　② [   ]　③ [   ]

開祖	宗派名
（ ① ）	浄土宗
（ ② ）	浄土真宗
一遍	時宗
（ ③ ）	法華宗
栄西	臨済宗
道元	曹洞宗

💡 **3** ▶ (4)法華宗は日蓮宗ともいうよ。

4 ▶ 右の年表を見て，次の問いに答えましょう。

(1) 年表中の　①　には，瀬戸内地方で乱
を起こした人物があてはまります。この
人物を，次から1人選びましょう。
ア　藤原純友　　イ　藤原鎌足
ウ　藤原道長　　エ　平将門　　　［　　　　　］

年代	できごと
939	①　の乱が起こる
1086	②院政が始まる
1167	③平清盛が太政大臣につく

(2) 年表中の下線部②について，上皇となって
院政を始めた天皇を，次から1人選びましょう。
ア　聖武天皇　　イ　桓武天皇
ウ　白河天皇　　エ　推古天皇　　　　　　　　　　　　　［　　　　　］

(3) 年表中の下線部③について，平清盛が貿易相手とした中国の王朝を，次から1つ選び
ましょう。　　　　　　　　　　　　　　　　　　　　　　　　　　　　　　［　　　　　］
ア　殷　　イ　秦　　ウ　唐　　エ　宋

5 ▶ 右の年表を見て，次の問いに答えましょう。

(1) 年表中の　①　にあてはまる語句を答
えましょう。

［　　　　　　　　　　］

年代	できごと
1185	①　と地頭の設置が朝廷に認められる
1192	②源頼朝が征夷大将軍に任命される
1221	③承久の乱が起こる

(2) 年表中の下線部②が開いた幕府で，北条
氏が独占した，将軍を補佐する役職を，
次から1つ選びましょう。
ア　太政大臣　　イ　執権
ウ　地頭　　　　エ　摂政　　　　　　　　　　　　　　　［　　　　　］

(3) 年表中の下線部③について，承久の乱を起こし，幕府をたおそうとしたのはだれか答
えましょう。

［　　　　　　　　　　］

6 ▶ 右の資料を見て，次の問いに答えましょう。

(1) 右の資料は，1232年に定められた，武士のための最
初の法律です。この法律を何といいますか。

［　　　　　　　　　　］

> ―　武士が二十年の間，実際
> に土地を支配しているなら
> ば，その権利を認める。
> 　　　　　　　（部分要約）

(2) 右の資料を制定した人物を，次から1人選びましょう。
ア　源頼朝　　　イ　北条政子
ウ　後鳥羽上皇　　エ　北条泰時　　　　　　　　　［　　　　　］

> 執権として実権を
> にぎった人だよ。

第3章 古代~中世~近世

南北朝の争乱と室町幕府

✓ チェックしよう！

CHECK 1　モンゴル帝国とユーラシア世界

時代	年代	できごと
鎌倉	1206	チンギス・ハンがモンゴルを統一する
	1271	フビライ・ハンがモンゴル帝国の国号を元とする
		➡日本を従えようと使者を送ってきたが，執権の北条時宗はこれを退けた
	1274	文永の役が起こる➡元軍が博多湾岸に上陸，集団戦法と火器を使用した
	1281	弘安の役が起こる➡防塁（石の防壁）により元軍は上陸をはばまれた
	1297	徳政令を出す➡御家人を救うため，借金帳消しの法律を制定した
	1333	後醍醐天皇が楠木正成や足利尊氏の協力で，鎌倉幕府をほろぼす

CHECK 2　室町幕府の成立と南北朝の内乱

時代	年代	できごと
室町	1334	後醍醐天皇が建武の新政を始める➡公家を重視し，武家政治を否定した
	1336	足利尊氏が兵をあげ，京都に新たな天皇をたてる（北朝）
		➡後醍醐天皇は吉野（奈良県）にのがれた（南朝）
	1338	北朝の天皇が足利尊氏を征夷大将軍に任命する
		足利尊氏が京都に室町幕府を開く
	1392	第3代将軍足利義満が南北朝を統一する

> 守護の権限が強まり，一国を支配する守護大名に成長したよ。

CHECK 3　室町時代の外交と産業

東アジアでは，14世紀に明が建国。足利義満が日明貿易（勘合貿易）を始めた。産業では，座（同業者組合）が営業を独占。自治組織（惣）が土一揆を起こすようになる。

CHECK 4　応仁の乱と戦国大名

第8代将軍足利義政のあとつぎ問題などが原因で応仁の乱が起こる。以降，戦国時代となり各地に戦国大名が登場。独自の分国法を定め，支配を強めた。文化では，金閣（足利義満）を代表とする北山文化，銀閣（足利義政）を代表とする東山文化が栄えた。

確認問題

CHECK 1

1 次の文中の ① ～ ④ にあてはまる語句を，あとの**ア～エ**からそれぞれ選び，記号で答えましょう。

> フビライ・ハンは日本を従えようと使者を何度も送ったが，執権 ① はこれを退けた。 ② は朝鮮半島の高麗を従えて日本に襲来し，1274 年の ③ ，1281 年の ④ が起こった。元の二度の襲来を元寇という。

ア　弘安の役　　イ　文永の役　　ウ　北条時宗　　エ　元

① ☐　　② ☐　　③ ☐　　④ ☐

> 元寇のときの恩賞が十分にもらえず，御家人は不満を持ったよ。

CHECK 2

2 次の文中の ① ～ ⑤ にあてはまる語句を，あとの**ア～オ**からそれぞれ選び，記号で答えましょう。

> 天皇中心の政治の復活をめざし，後醍醐天皇が ① を行ったが，公家を重視する政策をとったため，武士の不満はつのり， ② が兵をあげた。後醍醐天皇は ③ にのがれ，ここに朝廷を置いたため，2 つの朝廷が並びたつこととなった。②は北朝の天皇から征夷大将軍に任じられ， ④ を開いた。南北朝は ⑤ によって，1392 年に統一された。

ア　足利義満　　イ　建武の新政　　ウ　足利尊氏　　エ　吉野　　オ　室町幕府

① ☐　　② ☐　　③ ☐　　④ ☐　　⑤ ☐

CHECK 3

3 次の文中の ① ～ ③ にあてはまる語句を，あとの**ア～ウ**からそれぞれ選び，記号で答えましょう。

> 漢民族国家の ① に倭寇の取りしまりを求められ，将軍 ② は倭寇を禁止し，倭寇と区別するための ③ を持たせた船で貿易を始めた。

ア　足利義満　　イ　明　　ウ　勘合　　① ☐　　② ☐　　③ ☐

CHECK 4

4 次の文の ☐ にあてはまる語句を書きましょう。

・1467 年，将軍のあとつぎ争いなどが原因で ① ☐ が始まった。

・守護大名に代わって ② ☐ が登場し，強力な軍を組織した。

✏ 練習問題

1 ▷ 次の問いに答えましょう。

(1) 13 世紀初めにモンゴル民族を統一した人物はだれですか。 [ ]

💡(2) 文永の役と弘安の役をあわせて何といいますか。 [ ]

(3) 元軍の博多湾岸への上陸を阻止するためにつくられた設備を何といいますか。 [ ]

(4) 1297 年に出された，御家人の借金の帳消しを命じる法令を何といいますか。 [ ]

2 ▷ 次の問いに答えましょう。

(1) 後醍醐天皇と北朝が対立を続けた時代を何といいますか。 [ ]

(2) 北朝と南朝の統一に成功した人物はだれですか。 [ ]

(3) 室町幕府で，地方政治を担当し，自分の領地を拡大して，独自の支配をするまでに成長した守護を何といいますか。 [ ]

3 ▷ 次の問いに答えましょう。

(1) 中国と朝貢貿易を始めた室町幕府の将軍はだれですか。 [ ]

(2) 倭寇と正式な貿易船を区別するために用いた，右の資料のような証明書を何といいますか。 [ ]

4 ▷ 次の問いに答えましょう。

(1) 応仁の乱の原因となったあとつぎ問題が起こったときの将軍はだれですか。 [ ]

(2) 足利義満が京都の北山に建てた別荘を何といいますか。 [ ]

💡 **1** ▷ (2)文永の役も弘安の役も元軍が襲来したものだよ。

5 ▶ 右の年表を見て，次の問いに答えましょう。

(1) 年表中の下線部①について，元軍とともに日本に襲来した国を，次から1つ選びましょう。

　ア　新羅（しらぎ）　　イ　高麗
　ウ　高句麗（こうくり）　エ　百済（くだら）

年代	できごと
1274	①文永の役が起こる
1333	②鎌倉幕府がほろびる

[　　　]

(2) 年表中の下線部②について，足利尊氏などが協力したことで，鎌倉幕府をほろぼすことに成功した人物を，次から1人選びましょう。

　ア　後醍醐天皇　　イ　後鳥羽上皇（ごとばじょうこう）　　ウ　聖武天皇（しょうむ）　　エ　天武天皇（てんむ）

[　　　]

6 ▶ 右の年表を見て，次の問いに答えましょう。

(1) 年表中の　①　にあてはまる，後醍醐天皇が始めた天皇中心の政治を何といいますか。

年代	できごと
1334	①　が始まる
1336	②南北朝時代が始まる
1338	室町幕府が開かれる

[　　　]

(2) 年表中の下線部②について，南朝の位置を，右の地図中のア〜エから1つ選びましょう。

南朝は吉野にあるよ。

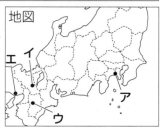
地図

[　　　]

7 ▶ STEP UP ▶ 右の資料は，借金の帳消しを求めて起こされた一揆の宣言文です。これについて，次の問いに答えましょう。

(1) このような一揆を何といいますか。

正長（しょうちょう）元年ヨリ
サキ者，カンベ四カン（べ）
カウ（ごう）ニ（い）ヲヰメアル
ヘカラス（べ）（す）

[　　　]

(2) (1)の一揆でおそわれた高利貸しを，次から1つ選びましょう。

　ア　土倉（どそう）　イ　座　ウ　馬借（ばしゃく）　エ　惣

[　　　]

8 ▶ STEP UP ▶ 次の問いに答えましょう。

(1) 応仁の乱以後に登場した戦国大名が定めた，右の資料のような法律を何といいますか。

一　けんかをした者は，いかなる理由による者でも処罰（しょばつ）する。　「甲州法度之次第（こうしゅうはっとのしだい）」

[　　　]

(2) 足利義政が京都の東山に建てた建物を，次から1つ選びましょう。

　ア　金閣　イ　銀閣　ウ　龍安寺（りょうあんじ）　エ　正倉院（しょうそう）

[　　　]

第3章 古代〜中世〜近世

5 ヨーロッパ人の世界進出，江戸幕府の成立

✔ チェックしよう!

CHECK 1 中世ヨーロッパ・イスラム世界

年代	できごと
1096	キリスト教の分裂➡西ヨーロッパ（カトリック教会），東ヨーロッパ（正教会） ローマ教皇のよびかけで，十字軍が何度も派遣される ➡イスラム文化と接し，14〜16世紀にルネサンス（文芸復興）が起きた
1517	ルターが宗教改革を始める➡プロテスタントがおこり，カトリックでイエズス会の結成

CHECK 2 ヨーロッパ人の海外進出，信長と秀吉

時代	年代	できごと
安土桃山	1573	○織田信長の業績 室町幕府をほろぼす
	1577	安土城下で楽市・楽座を行う
		○豊臣秀吉の業績 太閤検地や刀狩で兵農分離を進める
	1590	全国統一が完成する

ヨーロッパ人の海外進出	
1492	コロンブスがアメリカ大陸近くの西インド諸島に到達
1498	バスコ・ダ・ガマがインドに到達
1522	マゼランの船隊が世界一周に成功
1543	鉄砲が種子島に伝来
1549	ザビエルが日本にキリスト教を伝える

CHECK 3 江戸幕府の成立と支配の広がり

徳川家康は1600年関ヶ原の戦いに勝利し，1603年征夷大将軍に任じられ，江戸幕府を開いた。大名は，親藩，譜代大名，外様大名にわけられ，武家諸法度で統制された。第3代将軍徳川家光は，参勤交代を制度化した。

CHECK 4 江戸幕府の対外関係

時代	年代	できごと
江戸	1601	朱印船貿易が始まる
	1635	徳川家光が日本船の海外渡航・帰国を禁止する➡朱印船貿易を停止する
	1637	島原・天草一揆が起こる
	1639	ポルトガル船の来航を禁止する
	1641	オランダ商館を長崎の出島に移す

幕府の禁教・貿易統制・外交独占体制を鎖国というよ。

対外関係―中国・オランダ（長崎），朝鮮（対馬藩），琉球王国（薩摩藩），蝦夷地（松前藩）

1 次の文中の ① ～ ④ にあてはまる語句を，あとのア～エからそれぞれ選び，記号で答えましょう。

> 　中世ヨーロッパでは，キリスト教が栄え，西ヨーロッパでは ① が，東ヨーロッパ では ② が影響力（えいきょうりょく）を持っていた。キリスト教の聖地であるエルサレムを取りもどすために，①のローマ教皇が ③ を派遣したが，最終的に奪（だっ）回（かい）には失敗した。のちに西ヨーロッパでは①に対する批判が強まり， ④ らによって宗教改革が始められた。

ア　十字軍　　イ　カトリック教会　　ウ　ルター　　エ　正教会

① 　　　　　② 　　　　　③ 　　　　　④

2 次の文中の ① ～ ④ にあてはまる語句を，あとのア～エからそれぞれ選び，記号で答えましょう。

> 　織田信長は， ① 城下で商工業の発展を図る ② などの政策を行ったが，家臣の裏切りにあい，全国統一は果たせなかった。豊臣秀吉は，全国の土地を調査する ③ と，農民から武器を取り上げる ④ を行うことで兵農分離を進め，1590 年に全国統一を実現させた。

ア　安土　　イ　刀狩　　ウ　太閤検地　　エ　楽市・楽座

① 　　　　　② 　　　　　③ 　　　　　④

3 次の文中の 　　　　 にあてはまる語句を書きましょう。

・1603 年に徳川家康が征夷大将軍になり ① 　　　　　　　　　 を開いた。

・徳川家光は，武家諸法度を改正し，大名を 1 年おきに江戸と領地に住まわせる

　② 　　　　　　　　　 を制度化した。

・1641 年にオランダ商館を ③ 　　　　　　　　　 の出島に移した。

・長崎での貿易は清（しん）とオランダに限定され，④ 　　　　　　　　　 とよばれる体制

　がとられた。

✏️ 練習問題

1 ▶ 次の問いに答えましょう。

(1) イスラム勢力に奪(うば)われた聖地(せいち)エルサレムを，奪回する
ためにローマ教皇が派遣した軍を何といいますか。　[　　　　　]

(2) 14 世紀に北イタリアで起こった，古代ギリシャ・ロー
マの文化を復興する動きを何といいますか。　[　　　　　]

(3) カトリック教会を批判し，宗教改革をおし進めていった
人々を何といいますか。　[　　　　　]

2 ▶ 次の問いに答えましょう。

(1) スペインの援助(えんじょ)を受け，1492 年にアメリカ大陸近くの
西インド諸島にたどり着いたのはだれですか。　[　　　　　]

(2) 1543 年に鉄砲(てっぽう)は日本のどこに伝来しましたか。　[　　　　　]

3 ▶ 次の問いに答えましょう。

(1) 徳川家康が勝利し，全国支配の実権をにぎることになった，
1600 年に起きた戦いを何といいますか。　[　　　　　]

💡(2) (1)以後に徳川氏に従った，江戸から離(はな)れた地域に領地をあ
ヒント　たえられることが多かった大名を何といいますか。　[　　　　　]

💡(3) (1)以前から徳川氏に従っていた，幕府の重要な職に任じら
ヒント　れることも多かった大名を何といいますか。　[　　　　　]

4 ▶ 次の問いに答えましょう。

(1) 幕府による，キリスト教を禁止し，貿易を統制し，
外交を独占する体制を何といいますか。　[　　　　　]

(2) (1)の下でも，長崎で貿易を許されたヨーロッパの国はどこ
ですか。　[　　　　　]

(3) 1639 年に日本への来航が禁止された国を，次から 1 つ選びましょう。

ア　スペイン　　　　イ　イギリス
ウ　ポルトガル　　　エ　アメリカ

> キリスト教の布教に
> 熱心だったんだよ。

　[　　　　　]

💡ヒント **3** ▶ (2)(3)徳川氏との関係から，大名が親藩，譜代大名，外様大名にわけられたよ。

5 STEP UP 右の地図を見て，次の問いに答えましょう。

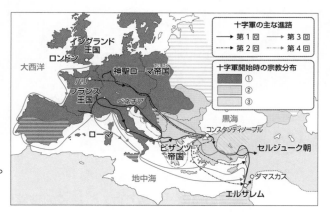

(1) 地図は，十字軍開始時の宗教分布をあらわしたものです。①〜③は正教会・カトリック教会・イスラム教のいずれかを表しています。それぞれ記号にあてはまる宗派・宗教を選びましょう。

① [   ] ② [   ] ③ [   ]

(2) (1)①の宗派に反発して，カルバンやルターらが行った活動を何といいますか。 [   ]

6 STEP UP 右の年表を見て，次の問いに答えましょう。

(1) 年表中の下線部①は，織田信長が琵琶湖のほとりにつくった城の城下町(じょうかまち)で行われました。この城を何といいますか。 [   ]

(2) 年表中の下線部②をなしとげた人物はだれですか。 [   ]

年代	できごと
1573	室町幕府がほろびる
1577	①楽市・楽座が行われる
1590	②全国統一が完成する

7 STEP UP 右の資料を見て，次の問いに答えましょう。

(1) 右の資料の法律を何といいますか。 [   ]

(2) (1)に定められた，大名が1年おきに江戸と領地を行き来する制度を何といいますか。 [   ]

> ― 幕府の許可なしに婚姻(こんいん)を結んではならない。（部分要約）

8 STEP UP 右の年表を見て，次の問いに答えましょう。

(1) 年表中の ① にあてはまる，キリスト教徒への迫害(はくがい)などに苦しんだ九州地方(きゅうしゅう)の人々が起こした一揆を何といいますか。 [   ]

(2) 年表中の下線部②の平戸(ひらど)からオランダ商館はどこに移されましたか。 [   ]

年代	できごと
1637	① が起こる
1641	②平戸からオランダ商館を移す

産業の発達と幕府政治の動き

 チェックしよう！

CHECK 1 江戸時代の産業の発達

交通路の整備…陸路では，五街道の整備が行われた。海路では，江戸－大阪間を菱垣廻船・樽廻船が往復し，東北や北陸地方の年貢米を運ぶ西廻り航路・東廻り航路が開かれる。

商工業の発展…江戸，大阪，京都の三都が栄えた。都市では，商人による株仲間（同業者組合）が営業を独占。18世紀に問屋制家内工業，19世紀に工場制手工業（マニュファクチュア）が発達。

CHECK 2 幕府政治の動き

時代	年代	できごと
江戸	1680	徳川綱吉が第5代将軍になる ➡生類憐みの令を制定し，儒学（朱子学）を奨励した
	1716	第8代将軍徳川吉宗が享保の改革を始める 上げ米の制，新田開発，公事方御定書の制定，目安箱の設置など
	1772	田沼意次が老中になる➡株仲間の結成や長崎貿易を奨励した
	1787	老中松平定信が寛政の改革を始める➡旗本・御家人の借金の帳消し
	1837	大塩の乱が起こる
	1841	老中水野忠邦が天保の改革を始める➡株仲間の解散

CHECK 3 江戸時代の文化

元禄文化…17世紀末～18世紀初めに，上方（京都・大阪）を中心として栄えた町人文化。井原西鶴（浮世草子），近松門左衛門（人形浄瑠璃の脚本），松尾芭蕉（俳諧），尾形光琳（装飾画），菱川師宣（浮世絵）が有名。

新しい学問…本居宣長が『古事記伝』を著し，国学を大成した。蘭学がさかんになり，杉田玄白らは『解体新書』を出版。伊能忠敬は日本地図を作成した。

化政文化…19世紀前半に，江戸を中心として栄えた町人文化。浮世絵では，喜多川歌麿（美人画），葛飾北斎・歌川（安藤）広重（風景画）が有名。

CHECK 1

1 次の文中の ① ～ ④ にあてはまる語句を，あとのア～エからそれぞれ選び，記号で答えましょう。

> 交通路が整備され，陸路では ① ，海路では ② や東廻り航路が開かれた。農村では，18世紀になると農民に織機を貸して布を織らせ，製品を買い取る ③ が行われ，19世紀には工場をつくり，人を集めて分業で製品をつくる ④ も始まった。

ア　工場制手工業　　イ　問屋制家内工業　　ウ　五街道　　エ　西廻り航路

①　　　　②　　　　③　　　　④

CHECK 2

2 次の文中の ① ～ ⑧ にあてはまる語句を，あとのア～クからそれぞれ選び，記号で答えましょう。

> 第5代将軍 ① のころ，幕府の財政は悪化した。第8代将軍徳川吉宗は， ② で政治の立て直しを図り，新田開発や裁判の基準となる ③ の制定，民衆の意見を聞く ④ の設置などを行った。田沼意次は ⑤ の結成を奨励するなど，商業を重視したが失脚し，その後の松平定信による ⑥ は厳しい統制を加えたことなどから，人々の反感を買った。1837年，大阪で元役人の ⑦ が乱を起こし，幕府は衝撃を受け，水野忠邦が ⑧ に取り組んだが，失敗した。

ア　大塩平八郎　　イ　寛政の改革　　ウ　公事方御定書　　エ　享保の改革
オ　徳川綱吉　　カ　天保の改革　　キ　株仲間　　ク　目安箱

①　　　　②　　　　③　　　　④

⑤　　　　⑥　　　　⑦　　　　⑧

> だれがどんな改革を進めたかきちんと区別しよう。

CHECK 3

3 次の文中の ☐ にあてはまる語句を書きましょう。

元禄文化…浮世草子を書いた ① や人形浄瑠璃の脚本を書いた

② ，俳諧を芸術まで高めた ③ が有名。

化政文化…錦絵とよばれる多色刷りの版画で，美人画の ④

や風景画の ⑤ や歌川広重が人気を集めた。

✏ 練習問題

1 ▶ 次の問いに答えましょう。

(1) 江戸を起点とする，東海道・中山道・奥州道中・日光道中・甲州道中をまとめて何といいますか。 [　　　　　]

(2) 江戸一大阪間を往復し，主に酒を運んだ船を何といいますか。 [　　　　　]

(3) 問屋が農民に織機を貸して布を織らせ，できた布を買い取る生産方式を何といいますか。 [　　　　　]

2 ▶ 次の問いに答えましょう。

(1) 享保の改革に取り組んだ第8代将軍はだれですか。 [　　　　　]

(2) (1)が定めた，裁判の基準となる法律を何といいますか。 [　　　　　]

(3) 株仲間の結成を積極的に奨励し，商工業者の経済力で財政の立て直しを図った老中はだれですか。 [　　　　　]

(4) 旗本や御家人の借金を帳消しにするなどの寛政の改革に取り組んだ老中はだれですか。 [　　　　　]

(5) 1837年に大阪で乱を起こした，元大阪町奉行所の役人はだれですか。 [　　　　　]

3 ▶ 次の問いに答えましょう。

(1) 『曾根崎心中』など，町人の義理と人情をえがき，人々の人気を集めたのはだれですか。 [　　　　　]

(2) 菱川師宣が始めた，町人の風俗をえがく絵画を何といいますか。 [　　　　　]

(3) 葛飾北斎と並んで(2)の風景画を得意とし，「東海道五十三次」などの作品をえがいたのはだれですか。 [　　　　　]

(4) 幕府の命令で，全国を測量して歩き，ほぼ正確な日本地図を作成したのはだれですか。 [　　　　　]

💡ヒント (5) 17世紀末〜18世紀初めに町人文化が栄えた上方にあてはまる都市を，次から1つ選びましょう。 [　　　　　]

　　ア　名古屋　　イ　博多　　ウ　大阪　　エ　鎌倉

💡ヒント **3** ▶ (5)元禄文化が栄えた都市だよ。

4 STEP UP 右の地図を見て，次の問いに答えましょう。

凡例: － 五街道　┼┼ 関所

(1) 菱垣廻船が運航していた航路を，地図中の **X〜Z** から1つ選びましょう。　[　　　]

(2) 地図中の江戸や大阪などでは商人が同業者組合をつくり，幕府に税を納めるかわりに営業を独占していました。この同業者組合にあたるものを，次から1つ選びましょう。

ア　両替商（りょうがえしょう）　イ　座（ざ）

ウ　株仲間　エ　土倉（どそう）（とくら）　　　[　　　]

5 STEP UP 右の人物について，次の問いに答えましょう。

A　水野忠邦
B　田沼意次
C　徳川吉宗
D　松平定信

(1) 江戸幕府の財政を立て直すために，さまざまな政策を行った右の **A〜D** の人物を，年代の古い順に並べかえましょう。

[　　　] ⇒ [　　　] ⇒ [　　　] ⇒ [　　　]

(2) 次のことがらを行った人物を，**A〜D** から1人ずつ選びましょう。

① 貿易を奨励し，印旛沼（いんばぬま）の干拓（かんたく）を始めた。

② 昌平坂学問所（しょうへいざかがくもんじょ）で朱子学以外の学問を禁止した。

③ 株仲間を解散させた。

④ 大名の江戸滞在（たいざい）期間を半年にする代わりに，米を納めさせた。

①[　　　]　②[　　　]　③[　　　]　④[　　　]

6 STEP UP 次の文章を読んで，あとの問いに答えましょう。

18世紀末には，本居宣長が『　①　』を著して国学を大成し，同じころ，杉田玄白らが『解体新書』を出版し，②蘭学の基礎が築かれた。19世紀初め〜19世紀中ごろには，江戸を中心に町人文化が栄えた。この文化を　③　文化という。

(1) 文章中の　①　にあてはまる書名を答えましょう。　[　　　]

(2) 文章中の下線部②は，何語を通じてヨーロッパの文化などを学ぶ学問ですか。　[　　　]

(3) 文章中の　③　にあてはまる語句を答えましょう。　[　　　]

① 欧米諸国の改革とアジア侵略, 日本の開国

✔ チェックしよう!

 CHECK 1 イギリスの革命

- 17世紀半ば ピューリタン革命が起こる。
  ➡王政が廃止され, 共和政が実現する。
- 1688～89年 名誉革命が起こる。
  ➡「権利の章典」で, 国王の力が制限される。
- 18世紀後半, 産業革命が始まる➡資本主義が発達する。

  立憲君主制と議会政治の確立

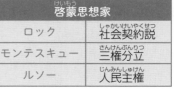

啓蒙思想家	
ロック	社会契約説
モンテスキュー	三権分立
ルソー	人民主権

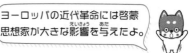

ヨーロッパの近代革命には啓蒙思想家が大きな影響を与えたよ。

 CHECK 2 アメリカの革命

- 1776年 アメリカ独立戦争中に, 独立宣言が出される。

  アメリカ合衆国の誕生（初代大統領はワシントン）, 共和政を定めた合衆国憲法の制定

- 1861年 南北戦争が起こる➡リンカン大統領の北軍が勝利, 奴隷解放宣言

 CHECK 3 フランスの革命

- 1789年 フランス革命が起こり, 人権宣言が出される。
  ➡革命の広がりをおそれて周囲の国々が軍隊を送ったため, 戦争へ。
  ➡外国との戦争で活躍したナポレオンが権力を握る。

 CHECK 4

時代	年代	できごと
江戸	1825	出没する外国船に対する異国船打払令を出す
	1853	アメリカのペリーが浦賀に来航する
	1854	日米和親条約を結ぶ（下田・函館を開港）
	1858	日米修好通商条約を結ぶ
		・函館・新潟・神奈川（横浜）・兵庫（神戸）・長崎で貿易。 ・領事裁判権を認め, 日本は関税自主権をもたない不平等条約。
		尊王攘夷運動を大老の井伊直弼が弾圧する（安政の大獄）
	1866	薩長同盟を結び, 倒幕をめざす
		・薩摩藩…西郷隆盛, 大久保利通 ・長州藩…木戸孝允
	1867	第15代将軍徳川慶喜が大政奉還をする ➡朝廷が王政復古の大号令を宣言する
	1868	戊辰戦争が起こる

欧米のアジア侵略	
1840	アヘン戦争➡南京条約
1851	太平天国の乱
1857	インド大反乱

CHECK 1-3

1 次の文中の ① ～ ⑧ にあてはまる語句を，あとのア～クからそれぞれ選び，記号で答えましょう。

ヨーロッパでは国王が強大な権力をにぎる絶対王政が行われていたが，まず ① で ② 革命が起き，その後の名誉革命で議会政治が確立した。①が ③ にもっていた植民地に重税を課すと，植民地側は抵抗し，独立戦争を起こして， ④ を発表した。その後， ⑤ でも革命が起こり，自由と平等，人民主権をうたった ⑥ が発表された。①では，科学技術の発展を背景に，18世紀後半に ⑦ が起こり， ⑧ が発達した。

ア　アメリカ　　イ　資本主義　　ウ　フランス　　エ　人権宣言

オ　独立宣言　　カ　産業革命　　キ　ピューリタン　　ク　イギリス

①	②	③	④

> 国ごとに市民革命の流れをおさえよう。

⑤	⑥	⑦	⑧

CHECK 4

2 次の文中の ① ～ ⑧ にあてはまる語句を，あとのア～クからそれぞれ選び，記号で答えましょう。

1853年に来航したアメリカのペリーとの交渉によって，翌年， ① が結ばれ，1858年には不平等な ② を結ぶこととなった。このような幕府の政策に対して不満が高まると，大老の ③ は幕府に反対する者を厳しく処分したが，1860年に暗殺された。1866年に ④ が結ばれ，倒幕の気運が高まると，翌年には徳川慶喜が政権を朝廷に返す ⑤ が行われ，天皇中心の政治にもどす ⑥ が出された。一方，19世紀後半には欧米のアジア侵略が進み，イギリスが1840年の ⑦ に勝利したあと，重税を課された清では ⑧ が起きた。

ア　日米修好通商条約　　イ　日米和親条約　　ウ　大政奉還　　エ　アヘン戦争

オ　王政復古の大号令　　カ　井伊直弼　　キ　薩長同盟　　ク　太平天国の乱

①	②	③	④

> 江戸幕府滅亡までの流れをおさえよう。

⑤	⑥	⑦	⑧

1 次の問いに答えましょう。

(1) イギリスではピューリタン革命が成功すると，王政が廃止され，何という政治が始まりましたか。 [ ]

(2) イギリスで「権利の章典」が制定され，議会政治の基礎が確立した，1688年に起こった革命を何といいますか。 [ ]

(3) 1776年にアメリカで発表された，すべての人に人権があたえられていることをうたった文書を何といいますか。 [ ]

(4) アメリカ独立戦争を経て成立したアメリカ合衆国では，人民主権や三権分立を柱とする何が制定されましたか。 [ ]

💡(5) フランス革命で発表された，人はみな人権を有することをうたった宣言文を何といいますか。 [ ]

(6) 社会は基本的人権をもつ個人どうしの契約で成り立ち，政府もその個人との契約のもとにつくられるべきと説いた，イギリスの思想家とはだれですか。 [ ]

(7) 1861年に，奴隷制や貿易をめぐってアメリカで起こった，北部と南部の戦争を何といいますか。 [ ]

(8) (7)が行われていた1863年に，奴隷解放宣言を発表したアメリカの大統領はだれですか。 [ ]

2 次の問いに答えましょう。

(1) 1825年，鎖国体制を守るために，日本近海に出没する外国船の追放を命じた法令を何といいますか。 [ ]

(2) アメリカの船に食料や水，石炭を供給するために下田と函館を開港することなどを定めた条約を何といいますか。 [ ]

(3) 1858年に結ばれた，日本に関税自主権がなく，領事裁判権をアメリカに認めた条約を何といいますか。 [ ]

(4) 幕末に，薩摩藩において，大久保利通とともに政治の実権をにぎったのはだれですか。 [ ]

(5) 薩摩藩と長州藩は倒幕をめざして協力体制をとるため，何を結びましたか。 [ ]

(6) アヘン戦争の結果，清とイギリスが締結したイギリスに有利な不平等条約を何といいますか。 [ ]

(7) 1857年にインド兵が起こした反乱をきっかけに，インド全土に広まったイギリスに対する反乱を何といいますか。 [ ]

💡 **1** ▶(5)第1条は，「人は生まれながらに，自由で平等な権利をもつ」から始まるよ。

3 STEP UP ▶ 右の資料をみて，次の問いに答えましょう。

(1) 資料1が宣言されたあと，この国の初代大統領に就任した人物はだれですか。

[ ]

(2) 資料2を宣言した国を，次から1つ選びなさい。
ア　アメリカ　　イ　フランス
ウ　イギリス　　エ　ドイツ

[ ]

(3) 資料1より前の時代に発表されたのは資料2と資料3のどちらですか。

[ ]

資料1

> 独立宣言（部分要約）
> 　我々は以下のことを自明の真理であると信じる。…

資料2

> 人権宣言（部分要約）
> 第一条　人はうまれながらに，自由で平等な権利を持つ。…

資料3

> 権利の章典（部分要約）
> 第一条　議会の同意なしに，国王の権限によって法律とその効力を停止することは違法である。…

4 ▶ 右の年表を見て，次の問いに答えましょう。

(1) 年表中の下線部①で開港された2港は，下田ともう1つはどこですか。右の地図中の**ア～エ**から1つ選びなさい。

[ ]

(2) 年表中の下線部②により始まった貿易で，日本の最大の輸出品となったものを，次から1つ選びなさい。
ア　綿織物（めんおりもの）　イ　毛織物
ウ　生糸（きいと）　　　エ　茶

[ ]

(3) 年表中の下線部②のときの大老はだれですか。

[ ]

(4) 年表中の下線部③を行った，江戸幕府の最後の将軍はだれですか。

[ ]

(5) 年表中の ④ にあてはまる，新政府軍が幕府軍に勝利した内戦を答えなさい。

[ ]

年代	できごと
1854	①日米和親条約が結ばれる
1858	②日米修好通商条約が結ばれる
1867	③大政奉還が行われる
1868	④ が起こる

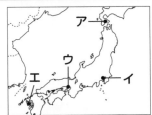

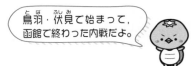

鳥羽（とば）・伏見（ふしみ）で始まって，函館で終わった内戦だよ。

第4章 近代～現代

2 明治維新

 ✔ チェックしよう!

 CHECK 1 明治維新

時代	年代	できごと
明治	1868	五箇条の御誓文が定められる➡政治方針を神に誓う形で出した
	1869	版籍奉還が行われる➡土地（版）と人民（籍）を政府に返させた
	1871	廃藩置県が行われる➡藩を廃止して県を置き，各県に県令を置いた
		日清修好条規が結ばれる
		岩倉使節団を欧米へ派遣する
	1872	学制が定められる
		官営模範工場の富岡製糸場が開業する
	1873	徴兵令が出される
		地租改正が行われる
	1875	樺太・千島交換条約が結ばれる
	1876	日朝修好条規が結ばれる
	1879	琉球処分が行われる
	1886	ノルマントン号事件が起こる➡不平等条約改正の世論が高まった
	1894	領事裁判権を撤廃する➡陸奥宗光がイギリスとの間で成功した
	1911	関税自主権を回復する➡小村寿太郎がアメリカとの間で成功した

> 岩倉具視らは，欧米から帰国後，征韓論を主張する西郷隆盛や板垣退助と対立。敗れた西郷たちは政府を去った。

> 富国強兵，殖産興業をめざす

 CHECK 2 立憲制国家の成立

時代	年代	できごと
明治	1874	民撰議院設立の建白書が提出される➡板垣退助らが国会開設を求めた
	1877	西郷隆盛を中心に西南戦争が起こる
	1880	国会期成同盟が結成される
	1881	国会開設の勅諭が発表される
		板垣退助が自由党を結成する
	1882	大隈重信が立憲改進党を結成する
	1884	秩父事件が起こる
	1885	内閣制度ができる
	1889	大日本帝国憲法が発布される
	1890	第一回帝国議会が開かれる

> 藩閥政治に不満が高まり，国民の意見を政治に反映させようとした建白書の提出をきっかけに，自由民権運動が始まるよ。

> 衆議院議員の選挙権は1年に直接国税を15円以上納める満25歳以上の男子のみで，総人口の1.1%であった。

確認問題

CHECK 1

1 次の文中の ① ～ ⑧ にあてはまる語句を，あとのア～クからそれぞれ選び，記号で答えましょう。

> 　新政府は，政治方針を ① として定め，新国家建設をめざして，大名から土地と人民を政府に返させる ② ，藩を廃止して県を置く ③ を行った。また，富国強兵の政策として，1872年に，6歳以上の男女に小学校教育を受けさせる ④ ，1873年に，満20歳以上の男子を兵役につかせる ⑤ ，新税制度の ⑥ を実施し ⑦ などの官営模範工場も建設した。これら一連の改革，社会の動きを ⑧ とよぶ。

ア	地租改正	イ	徴兵令	ウ	明治維新	エ	五箇条の御誓文
オ	廃藩置県	カ	学制	キ	版籍奉還	ク	富岡製糸場

①	②	③	④

新政府は近代国家をつくるためにどのような政策を進めたのかな。

⑤	⑥	⑦	⑧

CHECK 1

2 次の文中の ☐ にあてはまる語句を書きましょう。

・1894年，陸奥宗光により ① ＿＿＿＿＿＿＿＿＿＿ が撤廃された。

・1911年，小村寿太郎がアメリカとの間で ② ＿＿＿＿＿＿＿＿＿＿ の回復に成功した。

CHECK 2

3 次の文中の ① ～ ⑧ にあてはまる語句を，あとのア～クからそれぞれ選び，記号で答えましょう。

> 　薩長など一部の藩の出身者を中心とする ① に対して，政府を退いていた ② らが，1874年に ③ を提出し，④ が始まった。1880年に大阪で国会期成同盟が結成され，その翌年 ⑤ により国会開設が約束されると，②は ⑥ を結成した。政府は，1885年に ⑦ を定め，1889年には，ドイツの憲法を手本とした ⑧ を発布した。

ア	自由党	イ	藩閥政治	ウ	大日本帝国憲法	エ	自由民権運動
オ	内閣制度	カ	板垣退助	キ	国会開設の勅諭		
ク	民撰議院設立の建白書						

①	②	③	④

自由民権運動の高まりに政府はどう対応したかな。

⑤	⑥	⑦	⑧

✏ 練習問題

1 ▶ 次の問いに答えましょう。

(1) 「広ク会議ヲ興シ万機公論ニ決スベシ」で始まる，新政府の
政治方針を示したものを何といいますか。 [   ]

(2) 大名から土地と人民を政府に返させ，藩主を知藩事として
そのまま藩の政治にあたらせたことを何といいますか。 [   ]

(3) 1872年に定められた，6歳以上の子どもに教育を受けさ
せることを義務とした制度を何といいますか。 [   ]

(4) 満20歳以上の男子は，士族，平民に関係なく兵役の義務を
負うことを定めた法令を何といいますか。 [   ]

2 ▶ 次の問いに答えましょう。

(1) 日本が清と対等な立場で結んだ条約を何といいますか。 [   ]

(2) 1876年に日本が朝鮮と結んだ，日本にとって有利な条約
を何といいますか。 [   ]

(3) 1879年に政府が軍事力を背景に，琉球藩にかえて沖縄県
を設置したできごとを何といいますか。 [   ]

3 ▶ 次の問いに答えましょう。

(1) 薩摩藩，長州藩や土佐藩，肥前藩の4藩の出身者を中心に
行われた政治を何といいますか。 [   ]

(2) 板垣退助らが1874年に，国会開設を求めて政府
に提出したものを何といいますか。 [   ]

(3) (2)をきっかけに始まった，国会開設や，国民の自由と権利
を求める運動を何といいますか。 [   ]

💡ヒント (4) 1884年，埼玉県で生活に困った農民が，自由党の影響を
受けて起こした，大規模な武力衝突事件を何といいますか。 [   ]

(5) 1890年に行われた第一回衆議院議員総選挙で選挙権があたえられたのは，満何歳以
上の男子でしたか。次から1つ選びましょう。

ア　満18歳　　イ　満20歳

ウ　満25歳　　エ　満30歳

> 選挙権は納税額でも
> 制限されていたよ。

[   ]

💡ヒント **3** (4)埼玉県秩父郡で起きた事件だよ。

4 **STEP UP** 右の年表を見て，次の問いに答えましょう。

(1) 年表中の ① にあてはまる，政府が全国を直接支配する中央集権国家の建設のための政策を答えましょう。

[   ]

年代	できごと
1871	① が行われる
1872	②学制が制定される
	富岡製糸場が開業する

(2) 年表中の下線部②について，この制度の対象者として正しいものを次から1つ選びましょう。

ア　6歳以上の男子　　イ　6歳以上の男女
ウ　20歳以上の男子　　エ　20歳以上の男女

[   ]

5 **STEP UP** 右の年表を見て，次の問いに答えましょう。

(1) 年表中の下線部①について，全権大使の岩倉具視と同行した人物として正しいものを，次から2人選びましょう。

ア　伊藤博文（いとうひろぶみ）　　イ　井原西鶴（いはらさいかく）
ウ　本居宣長（もとおりのりなが）　　エ　津田梅子（つだうめこ）

年代	できごと
1871	①岩倉使節団が派遣される
1873	征韓論で敗れた ② らが政府を去る
1875	③樺太（さつま）・千島交換条約を締結（ていけつ）する

[   ] [   ]

(2) 年表中の ② にあてはまる薩摩（さつま）藩出身の人物を答えましょう。

[   ]

(3) 年表中の下線部③について，日本の領土となったのは，樺太と千島（千島列島）のうちのどちらですか。

[   ]

6 **STEP UP** 右の年表を見て，次の問いに答えましょう。

(1) 年表中の ① にあてはまる，西郷隆盛を中心とした，政府に不満をもった士族の大規模な反乱を何といいますか。

[   ]

年代	できごと
1877	九州で ① が起こる
1882	② が立憲改進党を結成する
1885	③内閣制度ができる

(2) 年表中の ② にあてはまる人物を，次から1人選びましょう。

ア　岩倉具視　　イ　大久保利通　　ウ　板垣退助　　エ　大隈重信

[   ]

(3) 年表中の下線部③について，初代内閣総理大臣となったのはだれですか。

[   ]

③ 近代国家の建設と日清・日露戦争

✔ チェックしよう！

CHECK 1 条約改正と日清戦争

時代	年代	できごと
明治	1894	朝鮮で甲午農民戦争が起こる 外相陸奥宗光が領事裁判権を撤廃する 日清戦争が始まる
	1895	下関条約を結ぶ➡清は朝鮮の独立を認め， 遼東半島，台湾，澎湖諸島を日本へゆずる 三国干渉が起こる（ロシア・フランス・ドイツ） ➡遼東半島の清への返還を求める
	1897	朝鮮が国名を改め，大韓帝国が成立する
	1911	外相小村寿太郎が関税自主権の回復に成功する

> 軍事力によって植民地を拡大していこうとする思想を帝国主義というよ。

CHECK 2 日露戦争と戦後の東アジア

時代	年代	できごと
明治	1900	中国で義和団事件が起こる➡事件後，ロシアは満州に軍を残した
	1902	日英同盟を結ぶ➡ロシアとの開戦論が主流
	1904	日露戦争が始まる➡与謝野晶子が反戦詩を書く
	1905	ポーツマス条約が結ばれる（アメリカの仲介） ➡南満洲の鉄道利権などを得た。 賠償金は得られず日比谷焼き打ち事件が起こる 日本が韓国に韓国統監府を設置する（初代統監：伊藤博文） ➡義兵運動が激しくなるなか，伊藤博文は安重根に暗殺された
	1910	日本が韓国併合を行う➡朝鮮総督府を設置した
	1911	辛亥革命（孫文）が起こる➡中華民国が建国される （のちに袁世凱が臨時大総統になる）

> 幸徳秋水や内村鑑三は開戦に反対したよ。

CHECK 3 産業革命と近代文化の形成

日清戦争のころ軽工業が発展。1901年に八幡製鉄所が操業を開始し，日露戦争のころ重工業が発展したが，足尾銅山鉱毒事件など公害問題が発生。文学では，樋口一葉『たけくらべ』，夏目漱石『坊っちゃん』，森鷗外『舞姫』が有名。

確認問題

1 次の文中の ① ～ ⑤ にあてはまる語句を，あとのア～オからそれぞれ選び，記号で答えましょう。

> 1894年，朝鮮で東学を信仰する農民を中心に ① が起こると，清に続き日本も出兵したことから両軍が激突し， ② が始まった。②に勝利した日本は1895年に山口県で ③ を結び， ④ の独立，清から日本への ⑤ 半島などのゆずりわたし，多額の賠償金の支払いが決められた。

ア　日清戦争　　イ　朝鮮　　ウ　甲午農民戦争
エ　下関条約　　オ　遼東

① ＿＿　② ＿＿　③ ＿＿　④ ＿＿　⑤ ＿＿

2 次の文中の ① ～ ⑧ にあてはまる語句を，あとのア～クからそれぞれ選び，記号で答えましょう。

> 1900年の ① ののち， ② は満州に軍を残した。②の南下に危機感を持つ ③ は，1902年に日本と同盟を結んだ。国内では反戦の声もあったが，1904年，②との戦争が始まった。日本も②も戦争の継続が困難になり，1905年に ④ の仲立ちで ⑤ が結ばれた。⑤で ⑥ を得られなかったことから日比谷焼き打ち事件がおこった。②との戦争後，日本は韓国を保護国にして ⑦ を置き，1910年には韓国を併合し， ⑧ を設置して，朝鮮半島の植民地化を実行した。

ア　ロシア　　　　イ　アメリカ　　　ウ　イギリス　　　エ　韓国統監府
オ　ポーツマス条約　カ　朝鮮総督府　　キ　義和団事件　　ク　賠償金

① ＿＿　② ＿＿　③ ＿＿　④ ＿＿

⑤ ＿＿　⑥ ＿＿　⑦ ＿＿　⑧ ＿＿

3 次の文中の ＿＿ にあてはまる語句を書きましょう。

・日本の産業は，日清戦争のころに ① ＿＿＿＿ が発展し，1901年には

② ＿＿＿＿ が鉄鋼の生産を始め，日露戦争のころに ③ ＿＿＿＿

が発展した。

・公害問題が発生し，④ ＿＿＿＿ では田中正造が活躍した。

✏ 練習問題

1 次の問いに答えましょう。

(1) 下関条約で，日本が手に入れることに決まった領地は，遼東半島，澎湖諸島と，あと1つはどこですか。 [ ]

(2) 1897年に，朝鮮半島に成立した国を何といいますか。 [ ]

(3) 関税自主権の回復に成功した当時の外務大臣はだれですか。 [ ]

(4) 朝鮮で東学という宗教を信仰する人々が中心となって起こした1894年のできごとは何ですか。 [ ]

2 次の問いに答えましょう。

(1) 1905年に，アメリカの都市で結ばれた，日露戦争の講和条約を何といいますか。 [ ]

(2) (1)の内容に不満をもった人々が，東京で起こした暴動を何といいますか。 [ ]

(3) 1905年に設置された韓国統監府の初代統監となった人物はだれですか。 [ ]

(4) (3)を，満州のハルビン駅で暗殺した，韓国の民族運動家はだれですか。 [ ]

💡 (5) 1911年の辛亥革命の中心人物で，三民主義を唱えたのはだれですか。次から1人選びましょう。

　ア　袁世凱　　イ　孫文　　ウ　幸徳秋水　　エ　内村鑑三 [ ]

3 次の問いに答えましょう。

(1) 日清戦争の賠償金で九州につくられ，1901年に操業を始めた官営工場を何といいますか。 [ ]

(2) 日露戦争のころに発展したのは，軽工業と重工業のどちらですか。 [ ]

(3) 栃木県で起こった，足尾銅山鉱毒事件の解決に向け，活躍した衆議院議員はだれですか。 [ ]

(4) 『坊っちゃん』や『吾輩は猫である』などの著者はだれですか。 [ ]

💡 **2** (5)この人物は臨時大総統となり，中華民国を建国させたよ。

4 STEP UP↗ 右の年表を見て，次の問いに答えましょう。

(1) 年表中の下線部①について，このときの
中国の王朝を，次から1つ選びましょう。

ア 宋（そう）　イ 清
ウ 明（みん）　エ 唐（とう）　　［　　　　　］

年代	できごと
1894	日本と①中国の間で戦争が起こる
1895	②三国干渉が行われる

(2) 年表中の下線部②について，次の問いに答えましょう。

(a) 三国干渉を行った3国をすべて答えましょう。

［　　　　　］［　　　　　］［　　　　　］

(b) 三国干渉によって，日本が清に返還した半島を何といいますか。

［　　　　　］

5 STEP UP↗ 右の年表を見て，次の問いに答えましょう。

(1) 年表中の下線部①について，この内容と
して正しいものを，次からすべて選びま
しょう。

ア 台湾（たいわん）を日本が獲得した。
イ 賠償金を日本が獲得した。
ウ 北緯50度以南の樺太を，日本が獲得した。
エ 南満州での鉄道の権利を，日本が獲得した。

年代	できごと
1905	①ポーツマス条約が結ばれる
1910	韓国併合が行われる
	② が設置される

［　　　　　］

(2) 年表中の ② にあてはまる，日本政府が設置した，朝鮮を統治（とうち）するための機関を
答えましょう。

［　　　　　］

6 STEP UP↗ 次の文章を読んで，あとの問いに答えましょう。

> 日本の産業革命は，まず日清戦争ごろに①軽工業の分野で起こり，次に日露戦争のころ
> に重工業の分野で起こった。資本主義が発展すると，三井や三菱（みつびし）などの実業家は，財閥（ざいばつ）へ
> と成長した。一方，労働者が増え， ② が結成されるようになった。

(1) 文章中の下線部①について，このころの最大の輸出品を，次から1つ選びましょう。

ア 綿花（めんか）　　イ 生糸（きいと）
ウ 絹織物（きぬおりもの）　エ 毛織物（け）　　［　　　　　］

(2) 文章中の ② にあてはまる，労働者が使用者と対等に交渉（こうしょう）するために結成する
団体を答えましょう。

［　　　　　］

4 第一次世界大戦と日本

✔ チェックしよう!

CHECK 1 第一次世界大戦と国際協調の時代

時代	年代	できごと
明治	1882	三国同盟が成立する（ドイツ・オーストリア・イタリア）
	1907	三国協商が成立する（イギリス・フランス・ロシア）
大正	1914	バルカン半島（「ヨーロッパの火薬庫」）でサラエボ事件が起こる ➡オーストリア皇太子夫妻が暗殺された 第一次世界大戦が起こる
	1917	レーニンの指導でロシア革命が起こる
	1918	第一次世界大戦が終わる
	1919	ベルサイユ条約が結ばれる ドイツでワイマール憲法が制定される
	1920	国際連盟が設立される➡アメリカ大統領ウィルソンが提唱
	1921	ワシントン会議が開かれる
	1922	ソビエト社会主義共和国連邦（ソ連）が成立する

ウィルソンは民族自決も提唱したよ。

CHECK 2 大正デモクラシーと政党内閣

時代	年代	できごと
大正	1912	第一次護憲運動が起こる
	1915	中国に二十一か条の要求を示す
	1918	シベリア出兵が始まる 米騒動が全国に広がる 原敬が首相となる➡本格的な政党内閣が成立した
	1919	朝鮮で三・一独立運動が起こる 中国で五・四運動が起こる
	1922	全国水平社が結成される
	1925	普通選挙法が成立する 治安維持法が制定される➡社会主義の取りしまりが行われた

このころの風潮を大正デモクラシーというよ。吉野作造が民本主義を主張したんだ。

インドのガンディーはイギリスに対して自治を求める運動を起こした。

CHECK 3 社会運動の広がり，新しい文化

労働者の増加によりストライキなどの労働争議が多発。小作料の減免を求める小作争議が起こる。1924年には普通選挙法のきっかけとなる第二次護憲運動が起こる。平塚らいてうが女性の解放を唱えた。志賀直哉や芥川龍之介などの小説家が活躍。

CHECK 1

1 次の文中の ① ～ ⑧ にあてはまる語句を，あとのア～クからそれぞれ選び，記号で答えましょう。

> ドイツ中心の三国同盟と，イギリス中心の ① の対立が続く中，1914年に ② でサラエボ事件が起こり，それをきっかけに ③ が始まった。日英同盟を理由に日本が参戦した③は1918年に終わり，1919年に ④ が結ばれた。敗戦国のドイツでは同年，⑤ が制定された。また，1920年に世界平和をめざし，アメリカ大統領 ⑥ の提案で ⑦ が設立された。1921年には ⑧ が開かれ，海軍の軍備が制限されるなどした。

ア 国際連盟　　　　イ ワシントン会議　　ウ ベルサイユ条約
エ バルカン半島　　オ 三国協商　　　　　カ ウィルソン
キ ワイマール憲法　ク 第一次世界大戦

①	②	③	④

⑤	⑥	⑦	⑧

CHECK 2

2 次の文中の ① ～ ⑧ にあてはまる語句を，あとのア～クからそれぞれ選び，記号で答えましょう。

> 1912年，桂内閣の退陣を求めて第一次 ① が起こった。1915年，日本は中国に対し，ドイツが持つ山東省の権益の引きつぎなどを求める ② を示した。1918年にロシア革命の影響をおそれて ③ 出兵が始まると，富山県から始まった米騒動が全国に広まり，その後，④ が本格的な ⑤ を結成した。1919年，朝鮮では ⑥ が，中国では ⑦ が起こり，インドでは ⑧ が，イギリスに対して完全な自治を求めて運動を起こした。

ア シベリア　　イ 五・四運動　　ウ 政党内閣　　エ 二十一か条の要求
オ 護憲運動　　カ ガンディー　　キ 原敬　　　　ク 三・一独立運動

①	②	③	④

⑤	⑥	⑦	⑧

アジアの各国で独立運動が起こったんだね。

CHECK 3

3 次の文中の □ にあてはまる語句を書きましょう。

・女性の解放を唱える ① □ が青鞜社を結成した。

・『羅生門』で知られる小説家 ② □ などが活躍した。

✏ 練習問題

1 ▶ 次の問いに答えましょう。

(1) バルカン半島は，民族や宗教などの対立で紛争が絶えなかっ
たことから，何とよばれていましたか。

[　　　　　　　　]

(2) 1917 年にロシアで起こった，労働者や兵士による革命を
何といいますか。

[　　　　　　　　]

(3) 1920 年に，アメリカのウィルソン大統領の提案でつくら
れた，世界平和をめざす組織を何といいますか。

[　　　　　　　　]

(4) 1922 年にロシアで成立した国家を何といいますか。

[　　　　　　　　]

2 ▶ 次の問いに答えましょう。

(1) 大正時代に高まった，民主主義や自由主義の風潮を何とい
いますか。

[　　　　　　　　]

(2) 1918 年に，「平民宰相」として期待され，本格的な政党
内閣を組織した人物はだれですか。

[　　　　　　　　]

(3) 1922 年，部落解放運動を進めるために，京都で結成され
た組織を何といいますか。

[　　　　　　　　]

(4) 1925 年に加藤高明内閣が定めた，社会主義などを取りし
まる目的で定められた法律は何ですか。

[　　　　　　　　]

(5) 普通選挙法で選挙権が認められた者を，次から１つ選びましょう。
ア　満 20 歳以上の男子　　イ　満 20 歳以上の男女
ウ　満 25 歳以上の男子　　エ　満 25 歳以上の男女

[　　　　　　　　]

3 ▶ 次の問いに答えましょう。

(1) 労働争議の一つで，労働者が集団で業務を停止することを
何といいますか。

[　　　　　　　　]

(2) 青鞜社の結成など，女性の解放を唱えて活躍した人物はだ
れですか。

[　　　　　　　　]

💡 (3) 『羅生門』や『蜘蛛の糸』などの作者として知られる小説家を，次から選びましょう。
ヒント
ア　芥川龍之介　　イ　小林多喜二
ウ　志賀直哉　　　エ　山田耕筰

[　　　　　　　　]

💡 **3** ▶ (3)『トロッコ』などの短編小説も書いたよ。
ヒント

4 ▷STEP UP↗ 右の年表を見て，次の問いに答えましょう。

(1) 年表中の下線部①について，この3国とは，フランスとロシアとあと1か国はどこですか。 [　　　　　　　　]

(2) 年表中の下線部②について，この事件で暗殺されたのは，どこの国の皇太子夫妻ですか。 [　　　　　　　　]

(3) 年表中の下線部③について，おもな戦場となった地域を，次から1つ選びましょう。
ア　北アメリカ　　イ　ヨーロッパ
ウ　アフリカ　　　エ　アジア
[　　　　]

(4) 年表中の下線部④について，連合国とベルサイユ条約を結んだ国はどこですか。 [　　　　　　　　]

年代	できごと
1907	①三国協商が成立する
1914	②サラエボ事件が起こる
	③第一次世界大戦が起こる
1919	④ベルサイユ条約が結ばれる

5 ▷STEP UP↗ 右の年表を見て，次の問いに答えましょう。

(1) 年表中の下線部①の内容にあてはまるものを，次から1つ選びましょう。
ア　南樺太を日本にゆずる。
イ　台湾を日本にゆずる。
ウ　遼東半島を日本にゆずる。
エ　ドイツが山東省に持つ権益を日本にゆずる。
[　　　　]

(2) 年表中の ② にあてはまる人物名を答えましょう。 [　　　　　　　　]

年代	できごと
1915	①二十一か条の要求が出される
	② が民本主義を提唱する

6 ▷STEP UP↗ 右の年表を見て，次の問いに答えましょう。

(1) 年表中の下線部①の時期に多く発生した，小作料の減免を求める訴えを何といいますか。 [　　　　　　　　]

(2) (1)を指導するために作られた日本農民組合は，何年に結成されましたか。 [　　　　　　　　]

(3) 年表中の下線部②が成立する背景となった運動を何といいますか。 [　　　　　　　　]

年代	できごと
1914	第一次世界大戦が起こる
	①戦後，景気が悪化する
1925	②普通選挙法が成立する

5 第二次世界大戦と日本

✔ チェックしよう！

CHECK 1 恐慌の時代と政党内閣の危機

時代	年代	できごと
昭和	1927	日本で金融恐慌が起こる
	1929	アメリカで株価が大暴落し，世界恐慌が起こる
		➡イギリス，フランスはブロック経済，アメリカはニューディール（新規巻き直し）。ソ連は五か年計画のため影響を受けなかった
	1930	ロンドン海軍軍縮会議が開かれる
	1933	ドイツでヒトラーがナチス政権を樹立

CHECK 2 満州事変・日中戦争と戦時体制

時代	年代	できごと
昭和	1931	関東軍が柳条湖で南満洲鉄道の線路を爆破する➡満州事変が起こった
	1932	満州国の建国を宣言する
		五・一五事件が起こる
	1936	二・二六事件が起こる
	1937	盧溝橋で日中両国軍が武力衝突を起こす➡日中戦争が始まった
	1938	国家総動員法が定められる
	1940	政党が解散してまとめられ，大政翼賛会が結成される

1933 年に日本は国際連盟の脱退を通告するよ。

CHECK 3 第二次世界大戦と戦時下の生活

時代	年代	できごと
昭和	1939	ドイツがポーランドへ侵攻し，第二次世界大戦が始まる
	1940	日独伊三国同盟が成立する
	1941	日ソ中立条約の締結　大西洋憲章の発表　太平洋戦争の開戦
	1945	ヤルタ会談が開かれる➡ソ連の対日参戦などを決めた
		アメリカ軍が沖縄に上陸する
		ポツダム宣言が発表される
		広島と長崎に原子爆弾が投下される
		ポツダム宣言を受け入れ（8月14日），日本が降伏する

戦時下では学徒出陣や勤労動員，学童疎開が行われたよ。

CHECK 1 次の文中の ① ～ ⑤ にあてはまる語句を，あとのア～オからそれぞれ選び，記号で答えましょう。

> 1927 年，日本では多くの銀行が倒産する ① が起こり，1929 年には，ニューヨークでの株価の大暴落をきっかけに， ② が起こった。この対策として，イギリスなど植民地のある国は ③ を行い，アメリカは ④ を行った。五か年計画を行っていた ⑤ は，②の影響を受けなかった。

ア　ブロック経済　　イ　世界恐慌　　ウ　ニューディール
エ　ソ連　　　　　　オ　金融恐慌

①	②	③	④	⑤

CHECK 2 次の文中の ① ～ ⑦ にあてはまる語句を，あとのア～キからそれぞれ選び，記号で答えましょう。

> 1931 年， ① での事件をきっかけに満州事変が起こり，翌年には，清の最後の皇帝である溥儀を元首として ② の建国が宣言された。同年，日本国内では五・一五事件が起こり，犬養毅首相が暗殺された。1937 年， ③ での事件をきっかけに ④ が起こると，中国では， ⑤ と毛沢東が協力して抗日民族統一戦線がつくられ，日本では，1938 年に ⑥ が定められた。また 1940 年には，政党が解散して ⑦ にまとめられた。

ア　盧溝橋　　イ　大政翼賛会　　ウ　蔣介石　　エ　日中戦争
オ　柳条湖　　カ　満州国　　　　キ　国家総動員法

①	②	③	④

日本と中国の関わりを整理してみよう。

⑤	⑥	⑦

CHECK 3 次の文中の ☐ にあてはまる語句を書きましょう。

・1940 年，ドイツの優勢を見た日本は ① を結んだ。

・1941 年 12 月 8 日，日本はハワイの真珠湾などを攻撃して

　 ② を始めた。

・1945 年，広島と長崎に ③ が投下された。日本は 8 月 14 日

に ④ を受け入れ，②が終わった。

1 ▶ 次の問いに答えましょう。

(1) 世界恐慌の影響を受けなかったソ連が，スターリンの指導
のもとに行っていた計画を何といいますか。　［　　　　　　　　　］

(2) ヒトラーが率いた，国民社会主義ドイツ労働者党のことを，
カタカナ 3 文字で何といいますか。　［　　　　　　　　　］

(3) 1930 年に，補助艦の保有量を決める，海軍軍縮会議が開
かれた都市はどこですか。　［　　　　　　　　　］

2 ▶ 次の問いに答えましょう。

(1) 1931 年，柳条湖での鉄道爆破がきっかけとなって始まっ
たできごとを何といいますか。　［　　　　　　　　　］

(2) 1932 年に，海軍の将校らによって首相が暗殺されたでき
ごとを何といいますか。　［　　　　　　　　　］

(3) 1933 年に日本が脱退を通告した組織を何といいますか。　［　　　　　　　　　］

(4) 1936 年に，陸軍の将校らが，首相官邸の襲撃や，国会議
事堂の占拠などを行った事件を何といいますか。　［　　　　　　　　　］

3 ▶ 次の問いに答えましょう。

(1) 1939 年，ドイツは独ソ不可侵条約を結んだうえで，隣国
に侵攻しました。隣国とはどこですか。　［　　　　　　　　　］

(2) (1)への侵攻を見たイギリスやフランスが，ドイツに宣戦布告
をしたことで始まった戦争を何といいますか。　［　　　　　　　　　］

(3) 1941 年，ローズベルトとチャーチルがファシズムへの対
決姿勢と，戦後の平和構想を発表したものを何といいますか。　［　　　　　　　　　］

(4) それまで徴兵が猶予されていた，文科系の大学生などを軍隊
に入隊させたことを何といいますか。　［　　　　　　　　　］

(5) 1945 年のヤルタ会談では，どこの国の対日参戦や，千島
列島の領有を認める決定が行われましたか。　［　　　　　　　　　］

💡ヒント (6) 太平洋戦争の間のできごとにあてはまらないものを，次から 1 つ選びましょう。

　　ア　アメリカ軍の沖縄上陸　　イ　ドイツのポーランドへの侵攻　　［　　　　　　　　　］
　　ウ　子どもたちの集団疎開　　エ　広島と長崎への原子爆弾投下

💡ヒント **3** ▶ (6)太平洋戦争は 1941 年から 1945 年まで続いたよ。

4 >STEP UP> 右の年表を見て，次の問いに答えましょう。

(1) 年表中の ① にあてはまる，アメリカ
から世界中に広まった，急激な不況を何
といいますか。[　　　　　　　]

(2) (1)の対策として，イギリスやフランスが
行った政策を何といいますか。
[　　　　　　　]

年代	できごと
1929	① が起こる
1930	②ロンドン海軍軍縮会議が開催される
1933	ローズベルト大統領が ③ を行う

(3) 年表中の下線部②のころの日本のようすとしてあてはまらないものを，次から１つ選
びましょう。
  ア 生糸の輸出量が大きく減った。
  イ 東北地方で，大凶作が起こった。
  ウ 労働争議や小作争議が増えた。
  エ これまで以上の好況となった。
[　　　　　　　]

(4) 年表中の ③ にあてはまる，(1)の対策として，アメリカで
行われた政策を何といいますか。[　　　　　　　]

5 >STEP UP> 右の年表を見て，次の問いに答えましょう。

(1) 年表中の ① にあてはまる，それま
であった政党が組み込まれた組織を何と
いいますか。[　　　　　　　]

年代	できごと
1932	満州国の建国が宣言される
1940	① が結成される

(2) 年表中の 1932 年から 1940 年の間に起こった次のア～エのできごとを，年代の古
いものから順に並べ，記号で答えましょう。
  ア 二・二六事件が起こった。　　イ 国家総動員法が定められた。
  ウ 犬養毅首相が暗殺された。　　エ 日中戦争が起こった。
[　　　]⇒[　　　]⇒[　　　]⇒[　　　]

6 >STEP UP> 右の年表を見て，次の問いに答えましょう。

(1) 年表中の ① にあてはまる，日本がド
イツやイタリアと結んだ同盟を何といい
ますか。[　　　　　　　]

年代	できごと
1940	① が成立する
1941	② が結ばれる

(2) 年表中の ② にあてはまる，日本が北方の安全を確保
するために，ソ連と結んだ条約を何といいますか。
[　　　　　　　]

6 現代の日本と世界

✔ チェックしよう!

CHECK 1 占領下の日本

連合国軍最高司令官総司令部（GHQ）による間接統治。財閥解体や農地改革，教育基本法など民主化が進められた。1947年5月3日に日本国憲法が施行。国民主権，基本的人権の尊重，平和主義を基本原理とした。

CHECK 2 冷戦の開始と日本の独立回復

時代	年代	できごと
昭和	1945	国際連合（国連）が設立される➡安全保障理事会が置かれた 資本主義諸国と，社会主義諸国の間で「冷たい戦争」（冷戦）
	1949	東ドイツと西ドイツが独立する➡1961年にベルリンの壁が築かれた
	1951	サンフランシスコ平和条約・日米安全保障条約が結ばれる
	1956	日ソ共同宣言が調印される➡日本が国際連合に加盟する

CHECK 3 日本の高度経済成長

時代	年代	できごと
昭和	1950	朝鮮戦争が起こる➡日本は特需景気をむかえる
	1955	55年体制が生まれ，高度経済成長が始まる
	1973	石油危機が起こる➡高度経済成長の終わり

水俣病（熊本県），四日市ぜんそく（三重県），イタイイタイ病（富山県）などの公害病が発生したよ。

CHECK 4 冷戦終結後の国際社会と日本

時代	年代	できごと
平成	1989	ベルリンの壁が取り払われる マルタ会談が行われる ➡冷戦の終結が宣言された
	1990	東西ドイツが統一される
	1991	湾岸戦争が起こる ソ連が解体する
	1993	ヨーロッパ連合（EU）が成立する
	2001	アメリカで同時多発テロが起こる
	2003	イラク戦争が始まる

冷戦終結後の日本	
1991	バブル経済が崩壊する
1992	平和維持活動（PKO）に自衛隊を派遣する
1993	55年体制が崩壊する
1995	阪神・淡路大震災が起こる
2011	東日本大震災が起こる

現代はグローバル化し，少子高齢化や地球温暖化などの課題があるよ。

CHECK 1

1 次の文中の ① ～ ③ にあてはまる語句を，あとのア～ウからそれぞれ選び，記号で答えましょう。

> 日本の占領はアメリカ軍が中心で，政治は，マッカーサーを最高司令官とする ① が日本政府に命令を出す間接統治で行われた。満20歳以上の男女に選挙権があたえられるなど， ② 政策が行われた。1947年5月3日から ③ が施行された。

ア GHQ 　イ 日本国憲法
ウ 民主化

①	②	③

CHECK 2

2 次の文中の ① ～ ③ にあてはまる語句を，あとのア～ウからそれぞれ選び，記号で答えましょう。

> 1945年，世界平和をめざす組織である ① が結成された。しかし，アメリカ中心の資本主義諸国とソ連中心の社会主義諸国との間で ② が始まった。1951年に日本は ③ を締結して独立を回復した。

ア 冷戦 　イ 国際連合
ウ サンフランシスコ平和条約

①	②	③

CHECK 3

3 次の文の ⬚ にあてはまることばを書きましょう。

経済成長とともに公害問題が起こった。熊本県と新潟県で ① _____ ，

三重県で ② _____ ，富山県で ③ _____ が発生した。

CHECK 4

4 次の文中の ① ～ ⑤ にあてはまる語句を，あとのア～オからそれぞれ選び，記号で答えましょう。

> 1989年， ① が取りこわされ，マルタ会談では ② の終結が宣言された。東西ドイツの統一に続き，1991年には ③ が解体した。1992年に，自衛隊がカンボジアへ派遣され， ④ に参加した。1993年に ⑤ が成立し，ヨーロッパの経済統合が進んだ。

ア PKO 　イ EU 　ウ ベルリンの壁 　エ 冷戦 　オ ソ連

①	②	③	④	⑤

✏ 練習問題

1 ▶ 次の問いに答えましょう。

(1) 日本本土を占領したのは，どこの国の軍隊を中心とした連合国軍ですか。 [　　　　　]

(2) 連合国軍最高司令官総司令部を，アルファベット3文字で何といいますか。 [　　　　　]

(3) 三井，三菱（みつびし）など，それまでの日本経済を支配してきた独占企業集団を解体したことを何といいますか。 [　　　　　]

(4) 1947年に制定された，教育の基本原則を示した法律を何といいますか。 [　　　　　]

2 ▶ 次の問いに答えましょう。

(1) 国際連合の中心機関として，平和と安全を維持する役割を負う機関を何といいますか。 [　　　　　]

(2) 1951年にサンフランシスコ平和条約と同時に結ばれた，日本にアメリカ軍基地を置くことを認めた条約を何といいますか。 [　　　　　]

(3) 1965年に日本が国際連合に加盟するきっかけとなった，ソ連との間で調印された宣言を何といいますか。 [　　　　　]

3 ▶ 次の問いに答えましょう。

(1) 朝鮮戦争をきっかけにむかえた，日本での好景気を何といいますか。 [　　　　　]

(2) 1955年から始まった，自由民主党（じゆうみんしゅとう）が結成されたことによって確立された政治体制を何といいますか。 [　　　　　]

4 ▶ 次の問いに答えましょう。

(1) アメリカのブッシュ大統領（だいとうりょう）と，ソ連のゴルバチョフ共産党（きょうさんとう）書記長（しょきちょう）が冷戦の終結を宣言した会談を何といいますか。 [　　　　　]

(2) EC（ヨーロッパ共同体）が発展し，1993年に成立したヨーロッパ連合を，アルファベットの略称（りゃくしょう）で答えましょう。 [　　　　　]

(3) 2001年9月11日，ハイジャックされた航空機によって，ニューヨークなどで起こったテロを何といいますか。 [　　　　　]

💡ヒント (4) 1991年に起こっていないできごとを，次から1つ選びましょう。
　　ア　バブル経済が崩壊（ほうかい）する。　　イ　ベトナム戦争が起こる。
　　ウ　湾岸戦争が起こる。　　　　　　　　エ　ソ連が解体する。 [　　　　　]

　💡ヒント **4** ▶ (4)ベトナム戦争は，冷戦中におこった内戦だよ。

5 STEP UP 次の問いに答えましょう。

(1) 日本国憲法が施行されたのは西暦何年ですか。 [　　　　　]

(2) 日本国憲法の３つの基本原理のうち，国民が国の政治の最終的な決定権を持つことを
何といいますか。 [　　　　　]

天皇は国の象徴になったね。

6 STEP UP 右の年表を見て，次の問いに答えましょう。

(1) 年表中の ① にあてはまる，北朝鮮と
韓国による戦争を何といいますか。

[　　　　　]

年代	できごと
1945	国際連合が結成される
1948	大韓民国と朝鮮民主主義人民 共和国が成立する
1950	① が起こる

(2) 年表のころ，アメリカを中心とする資
本主義諸国（西側陣営）と，ソ連を中
心とする社会主義諸国（東側陣営）とで，本当の戦争にはならないものの，非常に
厳しい対立状態が続いていました。この対立状態を何といいますか。

[　　　　　]

7 STEP UP 次の問いに答えましょう。

(1) 公害問題について，水俣病（２か所），イタイイ
タイ病，四日市ぜんそくが発生した県を右の地
図中の**ア～エ**からそれぞれ選びましょう。

水俣病 [　　・　　]　　イタイイタイ病 [　　]

四日市ぜんそく [　　]

(2) 日本の高度経済成長が終わりをむかえるきっかけとなっ
たできごとを何といいますか。 [　　　　　]

8 STEP UP 次の問いに答えましょう。

(1) 1989 年に取りこわされた冷戦を象徴する建造物を何とい
いますか。 [　　　　　]

(2) 平和維持活動をアルファベットの略称で何といいますか。 [　　　　　]

スマホでサクッとチェック：P2

初版
第 1 刷　2021年12月 1 日　発行

●編　者
　　数研出版編集部
●カバー・表紙デザイン
　　株式会社クラップス

発行者　星野　泰也

ISBN978-4-410-15551-2

とにかく基礎 中1・2の総まとめ　社会

発行所　数研出版株式会社　　〒101-0052 東京都千代田区神田小川町 2 丁目 3 番地 3
　　　　　　　　　　　　　　　　　〔振替〕00140-4-118431
本書の一部または全部を許可なく　〒604-0861 京都市中京区烏丸通竹屋町上る大倉町205番地
複写・複製することおよび本書の　〔電話〕代表 (075)231-0161
解説・解答書を無断で作成するこ　ホームページ　https://www.chart.co.jp
とを禁じます。　　　　　　　　　印刷　河北印刷株式会社
　　　　　　　　　　　　　　　　　乱丁本・落丁本はお取り替えいたします　211001

第1章
① 世界の姿と人々の生活

確認問題 ・・・・・・・・・・5ページ

1 ① 6　② 3
2 ① エ　② ア　③ ウ
　　④ イ　⑤ カ　⑥ オ
3 ① エ　② ア　③ カ　④ ク
　　⑤ ウ　⑥ オ　⑦ キ　⑧ イ
4 ① エ　② ウ　③ ア
　　④ イ　⑤ オ

練習問題 ———— 6・7ページ

1 (1) 赤道　(2) 本初子午線
　(3) 太平洋　(4) アジア州
　(5) オセアニア州
2 (1) 東経135度　(2) 200海里
　(3) 北方領土　(4) ア　(5) C
3 (1) 温帯　(2) 熱帯
4 (1) ウ　(2) 北西
5 ① 標準時子午線　② 135　③ 9
6 (1) ア　(2) ウ　(3) b, d

練習問題の解説

1 (1)(2) 地球を南北に90度ずつ分けた線を緯線、東西に180度ずつ分けた線を経線という。
　(3) 地球は「水の惑星」にたとえられるほど海の部分が多く、海洋と陸地の面積の割合は7:3である。
　(4) 日本はアジア州に属し、アジア州はさらに東アジア、東南アジア、南アジア、西アジア、中央アジアの5つの地域に分けられる。
2 (1) 標準時子午線とは、各国の時刻の基準となる経線のことである。日本の標準時子午線は、東経135度線である。経度が15度違うと、時差が1時間生じる。
　(2) 排他的経済水域は、沿岸から200海里までの領海を除く水域のこと。その範囲では、水産資源や鉱産資源は沿岸国のものになる。

　(3) ロシア連邦に占拠されている、択捉島、国後島、色丹島、歯舞群島の4つをまとめて北方領土という。択捉島は日本の北端である。
　(4) Xは北方領土で、ロシア連邦が占拠している。
　(5) 日本最南端の沖ノ鳥島がなくなると、日本は広大な排他的経済水域を失う。よって、波による侵食を防ぐために護岸工事を行った。
3 (1)(2) 世界の気候帯は、冷帯（亜寒帯）、乾燥帯、温帯、寒帯、熱帯の5つが存在する。冷帯とは、冬の気温は低いが森林が育つ地域のことである。乾燥帯とは、一年を通して雨が少なく、森林が育たない地域のことである。温帯は、はっきりとした四季があり、日本はここに属する。寒帯は、一年中寒く樹木がほとんど育たない。熱帯は、一年中気温が高く、降水量も多い。
4 (2) 地図では、東京から見てカイロは左上に位置している。特に方位の表記がなければ地図は上が北となり、左上は北西の方位になる。
5 日本の標準時子午線は東経135度。時差は経度15度の差につき1時間生じる。2つの地域の時差は「経度の差÷15」で求めるので、東京とロンドンの場合、
135（度）÷15＝9（時間）となる。また、日付変更線の西側に近いほど時刻が進んでいるため、東京の方がロンドンよりも時刻が進んでいる。
6 (1) aは夏には気温が上がるものの冬の寒さが厳しいことから、冷帯（亜寒帯）に属するアのモスクワのグラフである。イのカイロは乾燥帯に属し、年平均気温がモスクワよりも高い。
　(2) bは月ごとに気温の変化があってしかも7月が冬であり、降水量も熱帯ほど多くないことから、南半球の温帯に属するウのシドニーのグラフである。

1

❷ アジア州, ヨーロッパ州

✎ 確認問題 ・・・・・・・・9ページ

❶ ① 季節風(モンスーン)　② 稲作
　③ 二期作

❷ ① イ　② ウ　③ エ　④ ア

❸ ① エ　② ウ　③ ア　④ イ

❹ ① イ　② ウ　③ ア　④ エ

✎ 練習問題 ── 10・11 ページ

❶ (1) ヒマラヤ山脈　(2) チベット高原
　(3) 二期作

❷ (1) 東南アジア諸国連合（ASEAN）
　(2) イ

❸ (1) ライン川　(2) ドイツ
　(3) 酪農

❹ (1) EU（ヨーロッパ連合）
　(2) ア　(3) ユーロ

❺ A ウ　B イ　C ア

❻ (1) 経済特区　(2) エ

❼ A ウ　B イ　C ア

❽ ア

練習問題の解説

❷ (2) 情報通信技術（ICT）産業がさかんになり
アメリカ合衆国のシリコンバレーなど海外で
活躍する人も多い。

❹ (1) EU（ヨーロッパ連合）は 1993 年に発足
した地域統合組織で，政治・経済・文化など
幅広い分野で共通の政策を実施している。
国々がまとまることで，アメリカ合衆国のよ
うな大国に対抗しようというねらいがある。
　(2) スイスは中立的な立場をとっている国で，
EU には加盟していない。

❺ 　A は乾燥している地域，B は冷涼で乾燥し
ている地域，C は温暖で降水量の多い地域で
あることから考える。稲作には温暖湿潤な気
候が適している。乾燥していたり，冷涼だっ
たりする気候の地域では畑作が行われる。さ
らに寒さや乾燥が厳しかったり，土地がやせ
ていたりする地域は農耕に不向きで，遊牧が
行われる。

❻ (2) エは中国最大の都市シャンハイ。中国では
沿岸の都市部でいちじるしく工業化と経済発
展が進み，人々の所得も増えている反面，工
業化の遅れている内陸部や農村部では貧しい
人々が多く，地域の経済格差が広がっている。

❼ 　アは地中海式農業で，地中海沿岸の地域で
さかんな農業であることから C にあてはま
る。イは酪農で，アルプス山脈の周辺などで
さかんな農業であることから B にあてはま
る。ウは混合農業で，広い地域でさかんな農
業であることから A にあてはまる。

❽ 　EU 加盟国の一人あたりの国民総所得は，
西ヨーロッパの原加盟国を中心に高く，経済
格差が EU の課題となっている。

❸ アフリカ州, 北アメリカ州

✎ 確認問題 ・・・・・・・・13ページ

❶ ① イ　② カ　③ エ　④ ア
　⑤ オ　⑥ ウ

❷ ① 焼畑農業
　② レアメタル（希少金属）

❸ ① ウ　② エ　③ ア　④ イ

❹ ① 企業的　② 適地適作

✎ 練習問題 ── 14・15 ページ

❶ (1) サハラ砂漠　(2) ナイル川
　(3) アパルトヘイト　(4) 砂漠化

❷ (1) プランテーション
　(2) モノカルチャー経済

❸ (1) ロッキー山脈
　(2) アパラチア山脈

❹ (1) 適地適作
　(2) ① c　② b　③ a

❺ エ

❻ (1) ア　(2) エ

❼ X ロッキー山脈
　Y アパラチア山脈
　Z ミシシッピ川

❽ イ

5▷ アフリカ州の国々は，一部の国をのぞきほとんどがヨーロッパ諸国の植民地であった歴史がある。国境線は緯線や経線を使って引かれ，民族や宗教，言語などのちがいを無視したものであったため，現在も地域紛争の原因の1つとなっている。

6▷(2) 一部の農作物や鉱産資源の輸出にたよる経済をモノカルチャー経済という。農作物は天候の影響で不作になることがあり，鉱産資源は景気変動の影響を受けやすいため，価格が安定しないことがモノカルチャー経済の問題点である。

8▷ 気候にあわせた作物を，広い農地で大型機械を用いて大規模に栽培しているほか，品種改良で病気に強い作物などをつくり，生産の効率を高めている。これらの農作物は国内で消費されるほか，多くが輸出されており，アメリカ合衆国は「世界の食料庫」ともよばれる。

第1章
④ 南アメリカ州, オセアニア州

✎ 確認問題 ・・・・・・・・ 17ページ

1 ① ウ ② ア ③ エ ④ オ
⑤ イ

2 ① プランテーション
② コーヒー豆
③ バイオエタノール（バイオ燃料）
④ 焼畑農業

3 ① オ ② カ ③ ア ④ ウ
⑤ イ ⑥ エ ⑦ キ

✎ 練習問題 ———— 18・19ページ

1▷(1) アンデス山脈 (2) アマゾン川
(3) セルバ (4) パンパ

2▷(1) プランテーション
(2) ① B ② A

3▷(1) さんご礁
(2) 大鑽井盆地(グレートアーテジアン盆地)
(3) ● エ ▲ イ (4) ウ

4▷(1) イ
(2) X アンデス山脈

Y アマゾン川
(3) B

5▷(1) イ (2) 二酸化炭素（CO₂）

6▷(1) 白豪主義 (2) ウ

3▷(3) オーストラリアは北西部では鉄鉱石，東部では石炭の産出が多くなっている。日本の鉄鉱石・石炭の輸入は，どちらもオーストラリアからの輸入が5割以上をしめている。

4▷(1) 0度の緯線である赤道は，アマゾン川の河口付近を通る。

5▷(1) ブラジルのコーヒー豆は，かつて植民地支配されていたころ，輸出用の作物として大規模に栽培されるようになった。
(2) バイオエタノールなどのバイオ燃料は燃やすと二酸化炭素を排出するが，原料の植物が生長する過程で二酸化炭素を吸収しているため，地球上の二酸化炭素の量を増やさないと考えられている。この考え方をカーボンニュートラルという。このしくみから，バイオ燃料は石油や石炭に比べ，地球環境への負担が少ないとされている。

6▷(1) 白豪主義の「白」は白人，「豪」はオーストラリアのことで，「白人によるオーストラリア」という意味である。
(2) オーストラリアは歴史的にイギリスとの結びつきが強く，かつてはイギリスを中心としたヨーロッパの国々との貿易がさかんであった。近年はオーストラリアから近い，太平洋を取り巻く国々との貿易がさかんになっている。

第2章
① 地域調査, 日本の地形・気候・災害

✎ 確認問題 ・・・・・・・・ 21ページ

1 ① ウ ② ア ③ オ
④ イ ⑤ エ

2 ① 4分の3 ② 急 ③ 短い
④ 親潮（千島海流）
⑤ 黒潮（日本海流）
⑥ 扇状地 ⑦ 三角州

3 ① イ ② ア ③ エ ④ ウ
⑤ カ ⑥ オ

4 ① 地震 ② 梅雨 ③ 台風

1 ▶ (1) 小・中学校　(2) 畑　(3) 病院
　　(4) 交番　(5) 750 (m)
2 ▶ (1) 親潮（千島海流）
　　(2) 黒潮（日本海流）　(3) イ
3 ▶ (1) 瀬戸内の気候
　　(2) 日本海側の気候
　　(3) 台風　(4) 梅雨
4 ▶ エ
5 ▶ エ
6 ▶ (1) イ　(2) エ　(3) カ

練習問題の解説

1 ▶ (5) 地形図上の長さから実際の距離を求めるには，「地形図上の長さ×縮尺の分母」で計算する。ここでは地形図上の長さが3cm，縮尺が2万5千分の1であることから，
　3 (cm) × 25000 ＝ 75000 (cm)。
問題文では単位をメートルで問われているので，答えは750mとなる。長さの単位に注意すること。

4 ▶ 　地図上での方位は，特別な断りがない限りふつう北が上になる。アの病院があるのはいりあけ駅の南。イの高知城跡のある丘には，果樹園（🍎）ではなく広葉樹林（Q）がある。ウの土佐電鉄伊野線は地形図の下部にあり，線路は東西にのびている。市役所の地図記号は「◎」で，北東にこうち駅がある。

5 ▶ 　国土が細長く山がちであるため，日本の河川は世界の河川に比べ，長さが短く，流れが急であるという特徴がある。

6 ▶ (1) aは日本海側の気候に属する新潟県の上越市高田で，冬の降水量が多くなることからイがあてはまる。アは夏の降水量が多いことから太平洋側の気候のグラフである。
　　(2) bは瀬戸内の気候に属する岡山市で，年間を通じて温暖であることからエがあてはまる。ウは夏と冬の気温差が大きく，降水量が少ないことから中央高地の気候のグラフである。
　　(3) cは南西諸島の気候に属する那覇市で，年間を通じて温暖で降水量が多くなることからカがあてはまる。オは夏涼しく，冬の寒さが厳しいことから北海道の気候のグラフである。

第2章
② 世界と日本の人口・資源・農林水産業

1 ① イ　② オ　③ ア
　④ エ　⑤ ウ　⑥ カ
2 ① ウ　② イ　③ ア
3 ① ウ　② カ　③ エ
　④ オ　⑤ イ　⑥ ア

1 ▶ (1) アジア州　(2) 人口爆発
　　(3) 少子高齢化　(4) 人口ピラミッド
　　(5) 三大都市圏
2 ▶ (1) ペルシャ湾（ペルシア湾）
　　(2) 二酸化炭素（CO_2）
　　(3) 原子力発電
　　(4) 再生可能エネルギー
3 ▶ (1) 近郊農業　(2) 促成栽培
　　(3) 養殖漁業　(4) 栽培漁業
　　(5) 新潟県
4 ▶ イ
5 ▶ (1) A　イ　　B　ウ　　C　ア
　　(2) イ，ウ
6 ▶ (1) X　ウ　　Y　ア　　Z　イ
　　(2) ① エ　② ア
　　(3) ア
　　(4) とる漁業　ア，ウ，エ
　　　　育てる漁業　イ，オ

練習問題の解説

4 ▶ 　子どもの数が少なく，65歳以上の高齢者の割合が高いつぼ型の人口ピラミッドを選ぶ。

5 ▶ (1) 生産量の半分以上を中国がしめるAは石炭，グラフの上位にペルシャ湾岸のサウジアラビアがあるBは石油，オーストラリア，ブラジルが上位のCは鉄鉱石である。
　　(2) 火力発電では，石炭や石油，天然ガスといった化石燃料を利用する。

6 ▶ (1) Xは根釧台地で，酪農がさかん。Yは千葉県と茨城県で，大都市向けに野菜や花を栽培する近郊農業がさかん。Zは高知平野と宮崎平野で，温暖な気候を利用して野菜の早づく

りをする促成栽培がさかん。

(3) 安価な輸入木材におされて国産木材の需要が減ったことによって，林業に従事する人が減り，高齢化も進んで衰退した。

❸ 日本の工業・交通・貿易

✏ 確認問題・・・・・・・・・29ページ

1 ① イ　② エ　③ ア　④ ウ

2 ① オ　② イ　③ エ
④ カ　⑤ ウ　⑥ ア

3 ① オ　② ク　③ キ　④ カ
⑤ ウ　⑥ イ　⑦ ケ　⑧ コ
⑨ ア　⑩ エ

✏ 練習問題 ──── 30・31ページ

1 (1) 太平洋ベルト　(2) 中京工業地帯
(3) 京浜工業地帯
(4) 瀬戸内工業地域　(5) 現地生産

2 (1) インターネット
(2) イ　(3) ① ウ　② オ

3 (1) ウ　(2) エ

4 イ

5 (1) イ　(2) 情報通信業

6 (1) ウ　(2) イ　(3) ア，エ

練習問題の解説

2 (2) 第三次産業は商業やサービスに関連する産業で，都市部や観光地で割合が高くなる。東京都は第三次産業従事者の割合が最も高い。
(3) 商業には小売業や卸売業が含まれる。サービス業は目に見えないものを提供するもので，電気・ガス・水道業があてはまる。ア・エは第二次産業，イは第一次産業に含まれる。

3 (1) 貿易赤字は輸出額より輸入額が多く，外国製品のほうがよく売れている状態なので，自国の産業が衰退し，失業者が増える。

4 日本はかつて，原料を輸入し，製品に加工して輸出する加工貿易で栄えた。近年は日本企業が海外へ工場を移転したり，近隣の国の工業化が進んだりしたことで，製品の輸入が増えている。

5 (1) 現在の日本は，少子高齢化が進んでいる。

高齢化の影響で，医療や介護支援サービスを利用する人が増え，需要が高まっている。
(2) IT革命とは，情報技術の発達で社会のようすが変化することをいう。現代ではインターネットや携帯電話を利用する機会が多く，情報通信業の果たす役割が強まった。

6 (1) かつては鉄道による輸送の割合が高かったが，道路が整備されたことで，自動車による輸送が増えた。Bは自動車，Cは船舶があてはまる。
(3) 船舶は輸送に時間がかかるが輸送費が安くすみ，大きく重いものも運ぶことができるため，自動車や鉄鋼，石油などの輸送に利用される。いっぽう，航空機は製品を速く運ぶことができるが，輸送費が高く，重いものや大きなものを運ぶのに適さないため，高価で軽量な集積回路や，鮮度の重要な花などの輸送に利用される。

❹ 日本の地域区分，九州地方

✏ 確認問題・・・・・・・・・33ページ

1 ① カ　② キ　③ ア　④ ウ
⑤ エ　⑥ イ　⑦ オ

2 ① オ　② ウ　③ ア　④ エ
⑤ イ　⑥ キ　⑦ カ　⑧ ク

3 ① ウ　② オ　③ キ　④ ク
⑤ エ　⑥ ア　⑦ イ　⑧ カ

✏ 練習問題 ──── 34・35ページ

1 (1) 47　(2) 8　(3) 東北地方
(4) 近畿地方

2 (1) 二毛作　(2) カルデラ
(3) シラス台地　(4) 筑紫平野
(5) エ

3 (1) エネルギー革命
(2) A　水俣病
B　メチル水銀（有機水銀）

4 (1) B
(2) X　中部地方　Y　近畿地方

5 (1) 九州山地　(2) A　ウ　B　ア

6 (1) 北九州工業地域　(2) ウ

練習問題の解説

2 (5) さんご礁はさんごの死がいなどからできるため，火山活動とは関係がない。アのシラス台地は火山灰が積もった台地，イの地熱発電は火山活動による熱を利用した発電，ウのカルデラは噴火によってできたくぼ地をいう。

3 (2) 化学工場が水俣湾にメチル水銀（有機水銀）を排出し，汚染された魚を食べた周辺地域の人に健康被害が出た。水俣病は，三重県の四日市ぜんそく，新潟県の新潟水俣病，富山県のイタイイタイ病とともに四大公害病の１つである。

4 (1) Bは神奈川県で県庁所在地は横浜市。Aは青森県，Cは静岡県，Dは和歌山県，Eは大分県で，県庁所在地名は県名と同じである。

5 (2) Aは稲作と麦の二毛作がさかんな筑紫平野でウ，Bは促成栽培のさかんな宮崎平野でア。

6 (2) エネルギー革命後，九州地方では機械工業への転換が図られ，高速道路のインターチェンジや空港の近くにIC工場がつくられている。

第2章
❺ 中国・四国地方，近畿地方

📝 **確認問題** ・・・・・・・・・37ページ

1 ① 地方中枢　② 過疎
2 ① 促成栽培　② 本州四国連絡橋
3 ① カ　② イ　③ キ　④ ア
　　⑤ ウ　⑥ オ　⑦ エ
4 ① 平城京（へいじょうきょう）　② 平安京（へいあんきょう）
　　③ 天下の台所（てんかのだいどころ）
　　④ 阪神・淡路大震災（はんしん・あわじだいしんさい）

📝 **練習問題** ──── 38・39ページ

1 (1) 中国山地（ちゅうごく）　(2) 四国山地（しこく）
　　(3) 瀬戸内海（せとないかい）
2 (1) 促成栽培　(2) 養殖漁業（ようしょくぎょぎょう）
　　(3) 山陽新幹線（さんようしんかんせん）
3 (1) 紀伊山地（きい）　(2) 中小工場
　　(3) ウ
4 ウ

---

5 a ウ　b ア　c イ
6 イ
7 イ
8 (1) 奈良（市），Z
　　(2) 京都（市），X
　　(3) 大阪（市），Y

練習問題の解説

3 (3) 最も製造品出荷額等の多いウは阪神工業地帯（しゅっか）。アとイのうち，金属の割合が高いアが北九州工業地域となる。

4 丘陵地をけずってニュータウンなどの住宅地をつくり，そこから出た土砂を海の埋め立てに利用した。

5 aの松江は日本海側の気候で，冬の降水量が多いウ。bの高松は瀬戸内の気候で，一年を通じて温暖で，比較的降水量が少ないア。cの高知は太平洋側の気候で，夏の降水量が多いイ。（まつえ・にほんかい・たかまつ・せとうち・こうち・たいへいよう）

6 本州四国連絡橋ができる前には，本州と四国とのおもな交通手段はフェリーであったため，天候が悪く海上が荒れると欠航となることもあった。本州四国連絡橋ができたことで天候を気にせず移動できるようになり，四国から本州の大都市へと買い物などで出かける人が増えた。いっぽうで利用者が減ったフェリーの便数が減り，かえって移動が不便になった地域もある。（あ）

7 アは新潟県など北陸地方，ウは北海道，エは鹿児島県や宮崎県の農業のようすである。（ほくりく）

8 平城京が置かれたのはZの奈良，平安京が置かれたのはXの京都，「天下の台所」とよばれたのはYの大阪。大阪は古くから商業がさかんな地域であり，現在も卸売業（おろしうり）がさかんである。

第2章
❻ 中部地方，関東地方

📝 **確認問題** ・・・・・・・・・41ページ

1 ① オ　② カ　③ エ　④ ウ
　　⑤ イ　⑥ ク　⑦ ア　⑧ キ
2 ① ウ　② エ　③ イ　④ ア
3 ① イ　② エ　③ ア

④ オ　　⑤ ウ

4 ① ウ　　② イ　　③ ア

📝 **練習問題** ——————— 42・43ページ

1 (1) 水田単作　　(2) 信濃川　　(3) ウ
2 (1) 中京工業地帯　　(2) 東海工業地域
　　(3) 北陸工業地域
3 (1) X　関東平野　　Y　利根川
　　(2) 関東ローム
4 (1) 京浜工業地帯
　　(2) 京葉工業地域
　　(3) 関東内陸工業地域
5 新潟県　イ　　山梨県　ウ
　　静岡県　ア
6 ア
7 (1) イ・ウ　　(2) D
8 X　ア　　Y　イ　　Z　ウ

練習問題の解説

5 　新潟県は水田単作による米の生産がさかんなことからイ，山梨県は甲府盆地でもももやぶどうなど果実の栽培がさかんなことからウ，残るアが静岡県である。

6 　北陸地方は日本海側の気候で，冬の積雪が多い。水田単作が行われているため，冬の間の農家の副業として工芸品などの製作がさかんになった。

7 (1) 昼間人口はその地域に昼間いる人の数，夜間人口はその地域に夜いる人の数。周辺から通勤・通学者が集まる地域では，昼間に人の数が増え，夜には通勤・通学者が家に帰るため，昼間より人の数が減る。
(2) 東京都は日本で最も人口の多い都道府県であり，多くの企業や学校があることから，昼間は周辺の地域から通勤・通学してくる人が多い。そのため，最も昼間人口が多く，夜間人口よりも昼間人口の多いDがあてはまる。

8 　化学工業の割合が最も高いXには，京葉工業地域があてはまる。京浜工業地帯と関東内陸工業地域はともに機械工業がさかんであるが，2つを比べて化学工業の割合が高いYが京浜工業地帯，食料品工業の割合が高いZが関東内陸工業地域のグラフとなる。内陸部に造成された工業団地には，食料品工場も多く進出している。

第2章
❼ 東北地方，北海道地方

📝 **確認問題** ・・・・・・・・45ページ

1 ① ケ　　② イ　　③ エ
　　④ カ　　⑤ キ　　⑥ ク
　　⑦ ウ　　⑧ ア　　⑨ オ
2 ① ねぶた　　② 七夕　　③ 竿燈
3 ① カ　　② エ　　③ イ
　　④ ア　　⑤ オ　　⑥ ウ
4 ① イ　　② ウ　　③ エ　　④ ア

📝 **練習問題** ——————— 46・47ページ

1 (1) 潮目（潮境）　　(2) エ
2 (1) 伝統産業
　　(2) A　ウ　　B　ア　　C　イ
3 a　ア　　b　ウ　　c　エ
4 石狩平野　ア　　十勝平野　ウ
　　根釧台地　イ
5 (1) b　　(2) c　イ　　d　ア
6 ア
7 A　石狩平野　　B　十勝平野
8 イ

練習問題の解説

5 (1) やませは夏に吹く冷たい北東風。東北地方の太平洋側で冷害を引きおこすことがある。
(2) cは山形県酒田市で冬の降水量が多い日本海側の気候，dは宮城県仙台市で夏の降水量が多い太平洋側の気候に属する。

6 　東北地方は農業がさかんなことで食料品工業が行われてきたが，交通が不便だったために，ほかの工業はあまり発達してこなかった。近年は東北自動車道が開通するなど交通が発達し，工場が進出するようになった。東北地方には，広くて安価な土地と豊富な労働力があったためである。

8 　耕地規模を見てみると，北海道地方で最も割合が高いのは10.0ha以上である。いっぽう，都府県では1.0ha未満の割合が多い。このことから，北海道地方では，日本の他の地域と比べて大規模経営が行われていることがわかる。

第3章
① 文明のおこりと日本の成立

✏️ **確認問題**・・・・・・・・・・49 ページ

1 ① ク ② イ ③ ウ ④ キ
⑤ エ ⑥ カ ⑦ ア ⑧ オ

2 ① キ ② エ ③ オ ④ ウ
⑤ ア ⑥ カ ⑦ イ ⑧ ク

3 ① 大和政権（ヤマト王権）
② 古墳 ③ 渡来人

✏️ **練習問題**———— 50・51 ページ

1▶ (1) 原人 (2) 儒学（儒教）
(3) 仏教 (4) キリスト教
(5) イスラム教 (6) 甲骨文字

2▶ (1) 縄文土器 (2) 貝塚
(3) 土偶 (4) 高床倉庫

3▶ (1) 大和政権（ヤマト王権）
(2) 大王 (3) 前方後円墳

4▶ (1) ピラミッド (2) 太陰暦
(3) エ

5▶ (1) 旧石器時代 (2) 奴国
(3) 邪馬台国

6▶ (1) エ (2) 須恵器

練習問題の解説

4▶ A はエジプト文明，B はメソポタミア文明，
C はインダス文明。
(1) ピラミッドは，エジプト文明で王の墓として
つくられた。
(2) メソポタミア文明では，月の運行に基づく
太陰暦が，エジプト文明では，太陽の運行を
もとにした太陽暦がつくられた。
(3) インダス川流域におこった文明をインダス
文明という。モヘンジョ・ダロなどの計画的
につくられた都市には，排水施設や公衆浴場
などがあった。

5▶ (1) 1 万年ほど前に氷期が終わると，地球の気
温が上昇するとともに海水面も上昇し，日本
列島は大陸から切り離された。このころから，
日本列島では土器や磨製石器が使われるよう
になり，新石器時代に入った。それ以前は，
旧石器時代とよばれる。

(2) 奴国の王は，漢（後漢）の皇帝から金印を
授かったと中国の歴史書（『漢書』）に記され
ている。この金印には，「漢委奴国王」の文
字が刻まれており，江戸時代に志賀島で発見
された。
(3) 邪馬台国は 3 世紀前半に栄え，女王卑弥呼
が治めていた。弥生時代の日本の国と中国と
の関係はきちんと整理しておこう。

> 『漢書』地理誌…紀元前 1 世ころ，倭には
> 100 余りの国があり，朝鮮半島の楽浪郡に
> 使いを送る国もあった，と記録されている。
> 『後漢書』東夷伝…1 世紀半ば，奴国の王
> が漢（後漢）に使いを送り，金印を授かった，
> と記録されている。
> 『魏志』倭人伝…3 世紀前半，邪馬台国の
> 女王卑弥呼が魏に使いを送り，銅鏡や金印
> を授かった，と記録されている。

6▶ (1) 日本に鉄をつくる技術がまだなかったため，
のべ板の形で朝鮮半島から輸入していた。大
和政権は鉄を手に入れるために，伽耶（任那）
地域とのつながりを強めた。
(2) 朝鮮半島や中国から日本に移り住んだ渡来
人とよばれる人々は，須恵器や良質な絹織物
をつくる技術などを伝えるとともに，漢字や
儒学，仏教なども伝えた。

第3章
② 古代国家の歩みと東アジア

✏️ **確認問題**・・・・・・・・・53 ページ

1 ① エ ② カ ③ ウ ④ オ
⑤ ア ⑥ イ

2 ① オ ② ウ ③ エ
④ イ ⑤ ア

3 ① 枕草子 ② 国風文化
③ 浄土信仰 ④ 平等院鳳凰堂

✏️ **練習問題**———— 54・55 ページ

1▶ (1) 冠位十二階の制度
(2) 十七条の憲法 (3) 法隆寺

(4)　天智天皇

(5)　イ，エ

2▶(1)　聖武天皇　　(2)　古事記

(3)　万葉集　　　(4)　天平文化

3▶(1)　桓武天皇　　(2)　菅原道真

(3)　藤原道長　　(4)　天台宗

4▶(1)　摂政　　(2)　ウ

(3)　壬申の乱

5▶(1)　国司　　(2)　平城京

(3)　荘園

6▶(1)　エ　　(2)　摂関政治

練習問題の解説

1▶(5)　中大兄皇子と中臣鎌足は蘇我氏をほろぼして大化の改新を始め，中央集権国家の建設をめざした。大化の改新では，それまで豪族が私有していた土地や人民を国が直接支配する，公地・公民などの政策が行われた。

4▶(1)　聖徳太子は，推古天皇の摂政となり，天皇中心の政治をめざした。摂政とは，天皇が幼いとき，あるいは女性であるときに，天皇の代理として政治を行う役職のこと。

(2)　隋は589年に中国を統一した王朝で，隋の進んだ文化や制度を学ぶために小野妹子らが派遣された。隋に派遣された使いは遣隋使とよばれた。

(3)　天智天皇の死後，天智天皇の息子である大友皇子と，天智天皇の弟である大海人皇子との間で，あとつぎをめぐる戦いが起こり，勝利した大海人皇子は，天武天皇として即位した。この戦いを壬申の乱という。

5▶(1)　地方は，国・郡などにわけられ，国では都から派遣された貴族が国司となって政治を行い，地方の豪族から任命された郡司を監督した。

(2)　平城京は，唐の都長安にならってつくられた都で，約10万人の人々が住み，東西には市がもうけられ，さまざまな産物が売買された。

(3)　墾田永年私財法は，新しく開墾した土地を永久に自分のものとしてよいという法律で，聖武天皇の時代に制定された。この法律が制定された結果，貴族や寺社が私有地を増やし，それらはやがて荘園とよばれるようになった。

6▶(1)　空海や最澄が伝えた仏教は，それまでの日本の仏教とはちがい，人里離れた山奥で厳しい修行や学問をするものであった。

(2)　藤原氏は，自分の娘を天皇のきさきにし，生まれた子を天皇に立てて，自らは摂政や関白の地位について，政治の実権をにぎった。

第3章

❸ 武士の成長と鎌倉幕府

✎ 確認問題・・・・・・・・・57ページ

1　①　キ　②　カ　③　ウ　④　イ

　　⑤　ク　⑥　エ　⑦　オ　⑧　ア

2　①　ア　②　オ　③　イ　④　ウ

　　⑤　エ

3　①　御成敗式目（貞永式目）

　　②　二毛作　③　定期市

✎ 練習問題　――― 58・59ページ

1▶(1)　源氏　　(2)　平治の乱

(3)　平清盛

2▶(1)　源頼朝　　(2)　御家人

(3)　承久の乱　　(4)　六波羅探題

3▶(1)　新古今和歌集　　(2)　金剛力士像

(3)　平家物語

(4)　①　イ　②　ウ　③　ア

4▶(1)　ア　(2)　ウ　(3)　エ

5▶(1)　守護　(2)　イ　(3)　後鳥羽上皇

6▶(1)　御成敗式目（貞永式目）

(2)　エ

練習問題の解説

3▶(4)　法然も親鸞も日蓮も幕府から圧迫を受けた。浄土宗，浄土真宗，時宗は，浄土教系の宗派で，阿弥陀如来にすがり，念仏を唱えることを特徴とする。禅宗は武士の気風に合い，中でも，栄西が広めた臨済宗は鎌倉幕府や室町幕府の保護を受けた。

4▶(1)　10世紀の中ごろ，関東地方では平将門が，瀬戸内地方では藤原純友が武士団を率いて反乱を起こした。朝廷は自らの力でこうした反乱をしずめることができず，武士団の力を借

（2） 白河天皇は，天皇の位をゆずり上皇となってからも政治の実権をにぎり，「院」とよばれる住まいで政治を行った。上皇によるこのような政治を院政という。

（3） 平清盛は，瀬戸内海の航路を整備し，兵庫の港（神戸市）を修築して，日宋貿易をおし進め，ばく大な富を得た。

5 （1） 1185年，源頼朝は，弟の義経を捕えるという口実で，国ごとに守護を，荘園や公領ごとに地頭を置くことを朝廷に認めさせた。これをもって鎌倉幕府が成立したともいわれる。

（2） 鎌倉幕府で将軍を補佐したのは執権，室町幕府では管領である。間違えないようにしよう。

（3） 承久の乱に敗れた後鳥羽上皇は，隠岐（島根県）に流され，以後，京都には朝廷を監視する六波羅探題という役職が置かれた。

6 （1） 御成敗式目は，それまでの武士の慣習などをまとめたもので，その後長く武士の法律のよりどころとなった。

（2） 北条泰時は，鎌倉幕府の第3代執権。承久の乱では幕府軍の総大将となり，朝廷軍を破った。乱後，新たに設置された六波羅探題の職についた。その後，執権となり，御成敗式目（貞永式目）を制定した。

第3章
❹ 南北朝の争乱と室町幕府

✏ 確認問題・・・・・・・・・・61ページ

1 ① ウ ② エ ③ イ ④ ア
2 ① イ ② ウ ③ エ ④ オ
⑤ ア
3 ① イ ② ア ③ ウ
4 ① 応仁の乱 ② 戦国大名

✏ 練習問題————62・63ページ

1 （1） チンギス・ハン
（2） 元寇 （3） 防塁
（4） 徳政令（永仁の徳政令）
2 （1） 南北朝時代 （2） 足利義満

（3） 守護大名
3 （1） 足利義満 （2） 勘合
4 （1） 足利義政 （2） 金閣
5 （1） イ （2） ア
6 （1） 建武の新政 （2） ウ
7 （1） 土一揆 （2） ア
8 （1） 分国法 （2） イ

練習問題の解説

3 （2） 倭寇と区別するために勘合が使用された。日明貿易（勘合貿易）で日本は明から銅銭や絹織物などを輸入し，明に刀剣や銅などを輸出した。

5 （1） 高麗は，1259年にモンゴルに服属し，元寇では，元軍とともに日本に攻め込んだ。
（2） 悪党とよばれた近畿地方の新興勢力である楠木正成や，鎌倉幕府の御家人である新田義貞なども後醍醐天皇に協力した。

6 （1） 建武の新政は，公家を重視するものであったため，武士の不満が高まり，2年ほどで崩壊した。
（2） 南朝は吉野にあった。吉野は現在の奈良県に位置する地域である。1336年，足利尊氏は，京都で新しい天皇を立て，後醍醐天皇は吉野にのがれた。京都の朝廷を北朝，吉野の朝廷を南朝という。以後，室町幕府第3代将軍足利義満が南北朝を統一するまでの約60年間にわたり2つの朝廷の争いが続いた。この時代を南北朝時代という。

7 （1） 資料は，1428年に起こった正長の土一揆の宣言が刻まれたものである。1428年以前の借金を帳消しにすることが宣言されている。
（2） イの座は商工業者の同業者組合，ウの馬借は陸上輸送業，エの惣は農村の自治組織である。

8 （1） 資料にあげた分国法は武田氏のものである。戦国大名はこうした分国法をつくって，領国内の武士や農民を統制した。
（2） 北山文化が公家と武家の文化が融合した華やかな文化であるのに対して，東山文化は禅宗の影響の強い簡素で気品のある文化という特徴をもった。

✎ 確認問題 ・・・・・・・・65ページ

1 ① イ ② エ ③ ア ④ ウ
2 ① ア ② エ ③ ウ ④ イ
3 ① 江戸幕府 ② 参勤交代
③ 長崎 ④ 鎖国

✎ 練習問題 ━━━━ 66・67ページ

1 (1) 十字軍
(2) ルネサンス（文芸復興）
(3) プロテスタント
2 (1) コロンブス (2) 種子島
3 (1) 関ヶ原の戦い
(2) 外様大名 (3) 譜代大名
4 (1) 鎖国 (2) オランダ
(3) ウ
5 (1) ① カトリック教会 ② 正教会
③ イスラム教
(2) 宗教改革
6 (1) 安土城 (2) 豊臣秀吉
7 (1) 武家諸法度 (2) 参勤交代
8 (1) 島原・天草一揆
(2) 出島（長崎）

練習問題の解説

5 (2) ローマ教皇はエルサレム奪回をめざして十字軍を派遣したが，遠征は失敗した。十字軍の失敗後，教皇やカトリック教会の権威はおとろえ，資金不足におちいったため，教皇は免罪符を売り出した。これに反発したカルバンやルターが宗教改革を始めた。
6 (1) 織田信長がつくった安土城は，本格的な天守を持つ最初の城である。天守とは，城の中心をなす物見やぐらのことである。織田信長は安土城の城下町で，楽市・楽座を行い，商工業の発展を図った。
(2) 1590年，豊臣秀吉は関東の北条氏をほろぼし，東北の大名も秀吉に従ったので，全国統一が完成した。
7 (1) 大名を統制する武家諸法度のほかに，天皇や公家を統制するために禁中並公家諸法度

という法律も制定された。
(2) 参勤交代は，第3代将軍徳川家光が，1635年に武家諸法度を改正して制度として定めた。大名は1年おきに江戸と領地（藩）を行き来して，大名の妻と子は人質として江戸に住んだ。
8 (1) 島原・天草一揆は，1637年に天草四郎（益田時貞）を大将にして起こった。領主によってキリスト教徒が迫害され，また年貢の取り立てが厳しかったことが原因である。
(2) 当初，出島にポルトガル人を住まわせていた。1639年にポルトガル船の来航が禁止されたため，平戸にあったオランダ商館が長崎の出島に移され，オランダ船は出島で貿易を行うことになった。以後，長崎で貿易を行うことができたのは，オランダ船と中国船に限られた。

✎ 確認問題 ・・・・・・・・69ページ

1 ① ウ ② エ ③ イ ④ ア
2 ① オ ② エ ③ ウ ④ ク
⑤ キ ⑥ イ ⑦ ア ⑧ カ
3 ① 井原西鶴 ② 近松門左衛門
③ 松尾芭蕉 ④ 喜多川歌麿
⑤ 葛飾北斎

✎ 練習問題 ━━━━ 70・71ページ

1 (1) 五街道 (2) 樽廻船
(3) 問屋制家内工業
2 (1) 徳川吉宗 (2) 公事方御定書
(3) 田沼意次 (4) 松平定信
(5) 大塩平八郎
3 (1) 近松門左衛門 (2) 浮世絵
(3) 歌川（安藤）広重
(4) 伊能忠敬 (5) ウ
4 (1) Z (2) ウ
5 (1) C⇒B⇒D⇒A
(2) ① B ② D
③ A ④ C
6 (1) 古事記伝 (2) オランダ語
(3) 化政

練習問題の解説

3 (5) 上方とは，京都や大阪のこと。天皇がいるところを「上」というため，こうよばれた。

4 (1) 江戸―大阪間には，樽廻船より以前から，菱垣廻船が運航し，木綿や油，しょうゆなどを運んだ。樽廻船は，主に酒を運んだが，そのほかの荷物も運ぶようになり，菱垣廻船よりも速く，運賃も安いため圧倒的に優位になった。

5 (1) Cの徳川吉宗の享保の改革が始まったのが1716年，Bの田沼意次の政治が始まったのが1772年，Dの松平定信の寛政の改革が始まったのが1787年，Aの水野忠邦の天保の改革が始まったのが1841年である。

(2)① Bの田沼意次の政策である。田沼意次は商業を重視する政策をとり，株仲間の結成や長崎貿易を奨励した。

② Dの松平定信の政策である。昌平坂学問所は江戸幕府直轄の学問所である。

③ Aの水野忠邦の政策である。水野忠邦は，物価上昇の原因が株仲間にあると考え，株仲間を解散させた。

6 (1) 本居宣長の『古事記伝』は，『古事記』の注釈書である。本居宣長はこれにより国学を大成した。国学とは，儒教や仏教が伝来する前の日本独自の思想を研究する学問である。

(2) 徳川吉宗は，キリスト教に無関係なヨーロッパの本の輸入禁止を緩和した。これをきっかけにオランダ語でヨーロッパの学問や文化を学ぶ蘭学が発達した。

第4章

1 欧米諸国の改革とアジア侵略，日本の開国

確認問題 ・・・・・・・・・・73ページ

1 ① ク ② キ ③ ア ④ オ
⑤ ウ ⑥ エ ⑦ カ ⑧ イ

2 ① イ ② ア ③ カ ④ キ
⑤ ウ ⑥ オ ⑦ エ ⑧ ク

練習問題 ―――― 74・75ページ

1 (1) 共和政
(2) 名誉革命
(3) 独立宣言（アメリカ独立宣言）
(4) 合衆国憲法（アメリカ合衆国憲法）
(5) 人権宣言 (6) ロック
(7) 南北戦争 (8) リンカン

2 (1) 異国船打払令
(2) 日米和親条約
(3) 日米修好通商条約
(4) 西郷隆盛
(5) 薩長同盟
(6) 南京条約
(7) インド大反乱

3 (1) ワシントン
(2) イ
(3) 資料3

4 (1) ア (2) ウ (3) 井伊直弼
(4) 徳川慶喜
(5) 戊辰戦争

練習問題の解説

3 (1) 北アメリカでは，イギリスからの移住者が13の植民地で自治を行っていた。植民地側の代表がいないイギリス議会で，植民地に新しい税を課すことが決定すると，植民地の人々は独立戦争を起こし，1776年に独立宣言を発表した。その後，合衆国憲法が定められ，初代大統領には独立戦争の司令官ワシントンが就任した。

(2) 資料2はフランスの人権宣言，資料1はアメリカの独立宣言，資料3はイギリスの権利の章典である。

(3) 資料1は1776年，資料2は1789年，資料3は1689年に発表。

4 (1) イは横浜，ウは神戸，エは長崎で，日米修好通商条約で開港された。

(2) 生糸や茶が輸出され，国内で品不足になった。また，安い綿織物が輸入され，国内の生産地は打撃を受けた。

(4) 第15代将軍徳川慶喜は，朝廷に政権を返上する大政奉還を行い，260年あまり続いた江戸幕府はほろびた。

(5) 戊辰戦争は，旧幕府軍と新政府軍の戦い。1868年の鳥羽・伏見の戦いに始まり，1869年の函館での戦いまで続き，新政府軍が勝利した。

❷ 明治維新

1 ① エ　② キ　③ オ　④ カ
　　⑤ イ　⑥ ア　⑦ ク　⑧ ウ

2 ① 領事裁判権
　　② 関税自主権

3 ① イ　② カ　③ ク　④ エ
　　⑤ キ　⑥ ア　⑦ オ　⑧ ウ

1 (1) 五箇条の御誓文
　　(2) 版籍奉還
　　(3) 学制
　　(4) 徴兵令
2 (1) 日清修好条規
　　(2) 日朝修好条規
　　(3) 琉球処分
3 (1) 藩閥政治
　　(2) 民撰議院設立の建白書
　　(3) 自由民権運動
　　(4) 秩父事件
　　(5) ウ
4 (1) 廃藩置県　　(2) イ
5 (1) ア，エ
　　(2) 西郷隆盛
　　(3) 千島（千島列島）
6 (1) 西南戦争　　(2) エ
　　(3) 伊藤博文

練習問題の解説
4 (1) 明治政府は，中央集権国家の建設のために，1869 年に，藩の土地と人民を政府に返させる版籍奉還を行い，藩を廃止して県を置く廃藩置県を 1871 年に行った。版籍奉還では，もとの藩主がそのまま政治を行ったが，廃藩置県では，藩をなくしたため，政府が派遣した府知事や県令（のちの県知事）が政治を行った。この違いをきちんとつかんでおこう。
5 (1) イ，ウは江戸時代の人物。津田梅子は，のちに女子教育にあたった。

(2) 西郷隆盛や板垣退助らは征韓論を主張したが受け入れられず，政府を去った。
(3) 樺太（サハリン）をロシアの領土，千島列島のすべてを日本の領土と定めることで合意した。
6 (1) 西南戦争以後，政府に対する批判は，武力による反乱から，言論によるものへと変化していき，自由民権運動がさかんになっていった。
(2) 立憲改進党を結成したのは大隈重信。板垣退助が結成したのは自由党。

❸ 近代国家の建設と日清・日露戦争

1 ① ウ　② ア　③ エ
　　④ イ　⑤ オ
2 ① キ　② ア　③ ウ　④ イ
　　⑤ オ　⑥ ク　⑦ エ　⑧ カ
3 ① 軽工業　② 八幡製鉄所
　　③ 重工業　④ 足尾銅山鉱毒事件

1 (1) 台湾　　(2) 大韓帝国
　　(3) 小村寿太郎　(4) 甲午農民戦争
2 (1) ポーツマス条約
　　(2) 日比谷焼き打ち事件
　　(3) 伊藤博文　(4) 安重根
　　(5) イ
3 (1) 八幡製鉄所　(2) 重工業
　　(3) 田中正造　(4) 夏目漱石
4 (1) イ
　　(2) (a) ロシア，ドイツ，フランス
　　　　(b) 遼東半島
5 (1) ウ・エ
　　(2) 朝鮮総督府
6 (1) イ　(2) 労働組合

練習問題の解説
4 (1) 朝鮮の政府は甲午農民戦争をしずめるために清に出兵を要請したが，日本もこれに対抗して出兵したため，日清戦争が始まった。
5 (1) ア・イは下関条約の内容。

6 (1) 生糸は幕末から最大の輸出品であるが，機
械化が進んで，日露戦争後には，日本は世界
最大の輸出国になった。

(2) 厳しい労働条件で働く労働者たちは，日清
戦争後に労働組合を結成するようになり，労
働条件の改善を求めて，労働争議が増えるよ
うになった。これに対し，政府は工場法を制
定し，12歳未満の者の就労を禁止したり，
1日12時間労働制などを定め，労働者を保
護する策をとった。

第4章
④ 第一次世界大戦と日本

✏️ **確認問題** ・・・・・・・・・・85 ページ

1 ① オ　② エ　③ ク　④ ウ
⑤ キ　⑥ カ　⑦ ア　⑧ イ

2 ① オ　② エ　③ ア　④ キ
⑤ ウ　⑥ ク　⑦ イ　⑧ カ

3 ① 平塚らいてう（平塚らいちょう）

② 芥川龍之介

✏️ **練習問題** ―――― 86・87 ページ

1 (1) ヨーロッパの火薬庫

(2) ロシア革命

(3) 国際連盟

(4) ソビエト社会主義共和国連邦
（ソ連）

2 (1) 大正デモクラシー

(2) 原敬

(3) 全国水平社

(4) 治安維持法

(5) ウ

3 (1) ストライキ

(2) 平塚らいてう（平塚らいちょう）

(3) ア

4 (1) イギリス

(2) オーストリア

(3) イ　**(4)** ドイツ

5 (1) エ

(2) 吉野作造

6 (1) 小作争議　(2) 1922年

(3) 護憲運動（第二次護憲運動）

練習問題の解説

2 (4) それまでの，納税額による制限がなくなっ
た。日本で，女性が選挙権をもったのは，太
平洋戦争後の1945年になってからである。

4 (1) 三国同盟は，ドイツ，イタリア，オースト
リア，三国協商は，イギリス，フランス，ロ
シアからなっていた。なおイタリアは，領土
問題などから三国協商側について，第一次世
界大戦で戦った。

(2) オーストリアの皇太子夫妻が，サラエボで
セルビア人の青年に暗殺されたことがきっか
けで，第一次世界大戦が起こった。

(4) ベルサイユ条約によって，ドイツは領土を
縮小され，すべての植民地を失い，巨額の賠
償金を課せられた。

5 (1) アはポーツマス条約，イ，ウは下関条約の
内容である。

(2) 吉野作造は，大正デモクラシーの代表的な
思想家で，民本主義を提唱した。民本主義と
は，民主主義とは異なり，天皇に主権があっ
ても，国民の意見に基づいて政治を行うこと
である。

6 (1) 労働者の増加によって，労働条件の向上を
めざす労働争議が多発した。

(2) 第一次世界大戦が終結すると，日本は不況
になった。不況下で多発する小作争議を指導
するために，日本最初の農民組合である日本
農民組合が結成された。

(3) 1924年，普通選挙の実現を求める第二
次護憲運動が起こると，当時の内閣は選挙で
敗れ，新たに加藤高明を首相とする内閣が成
立した。この内閣のもと，普通選挙法が制定
された。

❺ 第二次世界大戦と日本

✏ 確認問題 ・・・・・・・・・89ページ

1 ① オ ② イ ③ ア
④ ウ ⑤ エ

2 ① オ ② カ ③ ア ④ エ
⑤ ウ ⑥ キ ⑦ イ

3 ① 日独伊三国同盟
② 太平洋戦争
③ 原子爆弾
④ ポツダム宣言

✏ 練習問題 ──── 90・91ページ

1 (1) 五か年計画 (2) ナチス
(3) ロンドン

2 (1) 満州事変 (2) 五・一五事件
(3) 国際連盟 (4) 二・二六事件

3 (1) ポーランド
(2) 第二次世界大戦
(3) 大西洋憲章
(4) 学徒出陣
(5) ソ連
(6) イ

4 (1) 世界恐慌
(2) ブロック経済
(3) エ
(4) ニューディール（新規巻き直し）

5 (1) 大政翼賛会
(2) ウ⇒ア⇒エ⇒イ

6 (1) 日独伊三国同盟
(2) 日ソ中立条約

練習問題の解説

4 (2) 多くの植民地を持つイギリスやフランスは，本国と植民地との貿易をさかんにし，その他の外国商品には高い関税をかけてしめ出すブロック経済という政策をとった。
(3) 世界恐慌によって，生糸の最大の輸出先であったアメリカへの輸出が減った。東北地方では，1930年に豊作のため農産物価格が大幅に下落し，翌年には大凶作でききんがお

こった。また，工場労働者の労働争議や，農民らが小作料の減額を求める小作争議も増加した。

5 (1) 大政翼賛会とは，国民を戦争に協力させるための組織で，国民が一体となるために，政党はすべて解散し，大政翼賛会にまとめられた。
(2) アは1936年，イは1938年，ウは1932年，エは1937年のできごとである。

6 (1) 他国から攻撃を受けたときに，お互いに助け合うことを取り決めた。
(2) 1945年8月8日，ソ連は日ソ中立条約を一方的に破棄し，日本に宣戦布告し，南樺太や千島列島，満州国などに攻め込んだ。

❻ 現代の日本と世界

✏ 確認問題 ・・・・・・・・・93ページ

1 ① ア ② ウ ③ イ

2 ① イ ② ア ③ ウ

3 ① 水俣病 ② 四日市ぜんそく
③ イタイイタイ病

4 ① ウ ② エ ③ オ
④ ア ⑤ イ

✏ 練習問題 ──── 94・95ページ

1 (1) アメリカ (2) GHQ
(3) 財閥解体 (4) 教育基本法

2 (1) 安全保障理事会
(2) 日米安全保障条約
(3) 日ソ共同宣言

3 (1) 特需景気
(2) 55年体制

4 (1) マルタ会談
(2) EU
(3) 同時多発テロ
（アメリカ同時多発テロ）
(4) イ

5 (1) 1947年
(2) 国民主権

6 (1) 朝鮮戦争
(2) 冷たい戦争（冷戦）

7 (1) 水俣病：ア・ウ
イタイイタイ病：イ
四日市ぜんそく：エ
(2) 石油危機
8 (1) ベルリンの壁
(2) PKO

練習問題の解説

5 (1) 日本国憲法は，1946年11月3日に公布され，その半年後の1947年5月3日に施行された。

(2) 日本国憲法の3つの基本原理のうち，あとの2つは，基本的人権の尊重と平和主義である。

6 (2) 核兵器をふくめた軍備拡張が行われた。アメリカとソ連の間で，直接の戦争は起こらなかったが，朝鮮戦争やベトナム戦争など，冷戦の影響を受けた戦争が起こった。

7 (1) 水俣病は熊本県・鹿児島県と新潟県，イタイイタイ病は富山県，四日市ぜんそくは三重県で発生した。

(2) 第四次中東戦争をきっかけに石油危機が起こると，世界的に石油価格が高騰した。これらの物価高騰を背景に，日本の高度経済成長は終わりをむかえた。

8 (1) ベルリンの壁は，1961年に当時の東ドイツ政府によってつくられた，西ベルリンを取り囲んでいた壁。ベルリンは東ドイツにあったが，西ベルリンは西側諸国によって統治されていた。当時，経済状態が良好であった西ベルリンに流出する東ドイツ国民が続出し，それを防ぐためベルリンの壁がつくられた。

(2) 日本は1992年に，国連平和維持活動協力法（PKO協力法）が成立したことをうけ，初めて自衛隊の部隊をカンボジアへ約1年間派遣した。

15551 答